主编 钟瑞添 审订 尹红英 执笔 叶巧灵 陈元

我班有个理论家

初中版

广西教育出版社
南宁

图书在版编目（CIP）数据

我班有个理论家：初中版 / 钟瑞添主编；叶巧灵，陈元执笔. -- 南宁：广西教育出版社，2021.4（2022.8 重印）
ISBN 978-7-5435-8856-1

Ⅰ. ①我… Ⅱ. ①钟… ②叶… ③陈… Ⅲ. ①德育－初中－课外读物 Ⅳ. ① G631

中国版本图书馆 CIP 数据核字 (2020) 第 240817 号

总 策 划：曹光哲
执行策划：石立民　吴春霞
项目统筹：张星华
责任编辑：黄　璐　周栩宇
责任校对：刘汉明
封面设计：李浩丽
版式设计：杨　阳
责任技编：蒋　媛
插图绘制：可宸文化

出 版 人：石立民
出版发行：广西教育出版社
地　　址：广西南宁市鲤湾路 8 号　邮政编码：530022
电　　话：0771-5865797
本社网址：http://www.gxeph.com
电子信箱：gxeph@vip.163.com
印　　刷：广西壮族自治区地质印刷厂
开　　本：787mm × 1092mm　1/16
印　　张：9.25
字　　数：95 千字
版　　次：2021 年 4 月第 1 版
印　　次：2022 年 8 月第 3 次印刷
书　　号：ISBN 978-7-5435-8856-1
定　　价：34.00 元

前　言

2019年3月18日，习近平总书记在北京主持召开学校思想政治理论课教师座谈会并发表重要讲话，向全党和全国各级各类学校发出了“统筹推进大中小学思政课一体化建设”的动员令。他强调，青少年是祖国的未来、民族的希望。我们党立志于中华民族千秋伟业，必须培养一代又一代拥护中国共产党领导和我国社会主义制度、立志为中国特色社会主义事业奋斗终身的有用人才。在当前，我们办中国特色社会主义教育，最根本、最重要的是要“用新时代中国特色社会主义思想铸魂育人”，要“从学校抓起、从娃娃抓起”。

用习近平新时代中国特色社会主义思想铸魂育人，是新时代赋予教育行政部门、学校和教育工作者的神圣职责，是祖国繁荣昌盛的奠基工程。中小学是人生的“拔节孕穗期”，涵盖了人生从儿童到少年再到青年的整个过程。用习近平新时代中国特色社会主义思想铸魂育人，就要引导学生从小树立对马克思主义的坚定信仰，对中国特色社会主义、对中华民族伟大复兴中国梦的坚定信心；要努力培养他们正确认识自然、社会和人生的科学思维方法；要从小引导他们确立崇高的人生追求，在追逐伟大中国梦的生动实践中放飞青春梦想。用习近平新时代中国特色社会主义思想铸魂育人，还必须遵循教育教学规律，切实把握学生在不同学段的成长特点和认知能力，在不同年龄段的世界观、人生观、价值观的形成规律，循序渐进，因材施教，有的放矢。

广西教育出版社富有时代的使命感和责任感，尝试为大中小学的思想政治教育一体化做出出版者的贡献。该社从 2019 年 5 月开始，组织了一批在高校从事马克思主义理论教学与研究的学者和在中小学从事思想政治教育的一线教师，尝试为中小学开发出一套内容逐层递进、相互衔接、螺旋上升的普及马克思主义基本理论，尤其是习近平新时代中国特色社会主义思想的课外辅助读物，使其成为中小学思想品德课的重要补充。

编写团队全面研究了现行的中小学思想品德课课程标准，深入学习了《习近平新时代中国特色社会主义思想学习纲要》，力求融通习近平对中小学生的殷切期望和习近平新时代中国特色社会主义思想的基本内容，编写中突出科学性、系统性、可读性，形式上追求生动活泼、引人入胜。本套丛书共四册，分为小学低年级版、小学高年级版、初中版、高中版。丛书力求遵循马克思主义中国化的最新成果——习近平新时代中国特色社会主义思想的基本观点、立场、方法，根据不同学段的教育教学规律，深入浅出、生动形象、润物无声地进行思想政治理论的普及教育。

在小学学段，根据启蒙教育的特点，全书图文并茂，讲故事叙说大道理，引导小学生初识马克思主义，正确认识家庭、学校、社会、国家和世界，从小立志有所作为；在初中学段，基于学生经过小学六年的学习，积累了一定的知识，对社会也有了基本的了解，因而在内容的安排上更注重系统性、理论性，引导学生更加深刻地认识我们的国家、民族和社会制度，启发学生透过现象看本质，从情感上、从历史和现实的视角帮助学生初步树立正确的理想信念，找准实现人生理想的正确路径；在高中学段，为学生进一步深造或者进入社会做准备，更注重思想政治素质的提升，在内容安排上力求更加深刻地认识马克思主义，更加系统地掌握习近平新时代中国特色社会主义思想科学体系，帮助高中生树立远大的理想，在实现中国梦的生动实践中放飞青春梦想。

本套丛书设计了一名家庭教育特色鲜明、从小喜欢理论探究的小理论家马铮铮的人物形象，并结合他在不同学段的学习生活和成长过程，巧妙地把理论知识点镶嵌在一个个生动活泼的学习情境之中，就事说理，情理交融。全书充分体现一线教师的学术专长，情节设计巧妙，语言风格平实真切，可读性强。

我们期待，本套丛书能够成为小学生初识马克思主义和习近平新时代中国特色社会主义思想的启蒙读本，能够帮助初中生在科学理论指引下正确认识中华民族、认识国家和社会，初步确立人生价值目标，能够帮助高中生在比较全面、深刻地理解习近平新时代中国特色社会主义思想的基础上，确立正确的世界观、人生观和价值观。由于水平和能力有限，我们的目标不一定能够完全实现，但我们坚信这个方向是正确的，期待在实践的检验中得到更多的意见和建议，以期更接近理想的目标。

钟瑞添

2020 年 5 月 25 日

目　　录

1

读懂马克思

——自古英雄出少年

马铮铮正和爷爷看《新闻联播》，其中一条报道引起了马铮铮的兴趣。“纪念马克思诞辰 200 周年大会 4 号上午在北京人民大会堂隆重举行。中共中央总书记、国家主席、中央军委主席习近平在会上发表重要讲话强调，我们纪念马克思，是为了向人类历史上最伟大的思想家致敬……”

好奇的马铮铮问爷爷：“爷爷，为什么习爷爷说马克思是人类历史上最伟大的思想家？”

“马克思是全世界无产阶级和劳动人民的革命导师，是马克思主义的主要创始人，是马克思主义政党的缔造者和国际共产主义的开创者，是近代以来最伟大的思想家，他和恩格斯一起创立并发展了人类历史上迄今为止最耀眼、影响最深远的科学理论——马克思主义。”爷爷笑着回答。

“爷爷，今天您就给我讲讲马克思吧！”

“习近平总书记评价：马克思的一生，是胸怀崇高理想、为人类解放不懈奋斗的一生；马克思的一生，是不畏艰难险阻、为追求真理而勇攀思想高峰的一生；马克思的一生，是为推翻旧世界、建立新世界而不息战斗的一生。”

“您再给我具体讲讲吧。”马铮铮一脸向往地对爷爷说。

爷爷拍拍马铮铮的肩膀，开始讲起来：“我们说马克思的一生，是胸怀崇高理想、为人类解放不懈奋斗的一生。1835 年，17 岁的马克思就在他的高中毕业作文《青年在选择职业时的考虑》中写道：‘如果我们选择了最能为人类而工作的职业，那么，重担就不能把我们压倒，因为这是为大家作出的牺牲；那时我们所享受的就不是可怜的、有限的、自私的乐趣，我们的幸福将属于千百万人，我们的事业将悄

然无声地存在下去，但是它会永远发挥作用，而面对我们的骨灰，高尚的人们将洒下热泪。’马克思一生饱尝颠沛流离的艰辛、贫病交加的煎熬，但他初心不改、矢志不渝，为人类解放的崇高理想而不懈奋斗，成就了伟大人生。”

“从马克思说过的话里就可以看出，马克思真是一个心怀崇高理想的人。”马铮铮很是敬佩地说。

“马克思的一生，还是不畏艰难险阻、为追求真理而勇攀思想高峰的一生。”爷爷继续讲，“马克思曾经写道：‘在科学上没有平坦的大道，只有不畏劳苦沿着陡峭山路攀登的人，才有希望达到光辉的顶点。’马克思为创立科学理论体系，付出了常人难以想象的艰辛。他博览群书、广泛涉猎，不仅深入了解和研究哲学、社会科学各个学科知识，而且深入了解和研究各种自然科学知识，努力从人类创造的一切文明成果中汲取养料。”

链 接

马克思毕生忘我工作，经常每天工作16个小时。他在给友人的信中谈到，为了写《资本论》，“我一直在坟墓的边缘徘徊。因此，我不得不利用我还能工作的每时每刻来完成我的著作”。即使在多病的晚年，马克思仍然不断迈向新的科学领域和目标，写下了数量庞大的历史学、人类学、数学等学科笔记。正如恩格斯所说：马克思在他所研究的每一个领域，甚至在数学领域，都有独到的发现，这样的领域是很多的，而且其中任何一个领域他都不是浅尝辄止。

“爷爷，我还在您的书架上看到一本《共产党宣言》，这本书就是马克思写的吧？”

“这是马克思和恩格斯为共产主义者同盟起草的纲领，由马克思、恩格斯撰写而成。”

链接

《共产党宣言》以透彻而鲜明的语言描述了新的世界观，即唯物史观，为人们提供了认识自然、认识人类社会的科学思想武器。《共产党宣言》揭示了人类社会最终走向共产主义的必然趋势。《共产党宣言》的问世，也标志着马克思主义的诞生。马克思给我们留下的最有价值、最具影响力的精神财富，就是以他名字命名的科学理论——马克思主义。这一理论犹如壮丽的日出，照亮了人类探索历史规律和寻求自身解放的道路，为无产阶级和人类解放找到了一条光明道路。

“哦，我知道了，我们中国走上社会主义道路，也是受到了马克思主义的影响！”

“是呀。马克思主义不仅深刻改变了世界，也深刻改变了中国。”爷爷赞许地点点头，“马克思的一生，更是为推翻旧世界、建立新世界而不息战斗的一生。他毕生的使命就是为人民解放而奋斗。为了改变人民受剥削、受压迫的命运，马克思义无反顾投身轰轰烈烈的工人运动，始终站在革命斗争最前沿。”

链 接

马克思领导创建了世界上第一个无产阶级政党——共产主义者同盟，领导了世界上第一个国际工人组织——国际工人协会，热情支持世界上第一次工人阶级夺取政权的革命——巴黎公社革命，满腔热情、百折不挠地推动各国工人运动发展。1840 年鸦片战争以后，西方列强凭着坚船利炮野蛮轰开了中国的大门，中华民族陷入内忧外患的悲惨境地。帝国主义的野蛮侵略和中国人民的深重苦难引起了马克思高度关注。马克思不仅向世界揭露西方列强侵略中国的真相，还科学预见了“中国社会主义”的出现，甚至为他心中的新中国取了靓丽的名字——“中华共和国”。十月革命一声炮响，为中国送来了马克思列宁主义，给苦苦探寻救亡图存出路的中国人民指明了前进方向、提供了全新选择。1921 年 7 月中国共产党诞生后，中国共产党人把马克思主义基本原理同中国革命和建设的具体实际结合起来，团结带领中国人民争取民族独立、人民解放，建立了马克思、恩格斯科学预见的“中国社会主义”，实现国家富强、人民幸福。

“爷爷，您经常教导我要‘立志而圣则圣矣，立志而贤则贤矣’。我要向马克思学习，树立崇高的理想，学习他的领先精神、奋斗精神、科学精神和实践精神，为实现中国梦不懈奋斗！”马铮铮举起拳头说。

2

社会主义是历史的结论、人民的选择

——历史课上的热烈讨论

最近的历史课，同学们在学习国家探索建设社会主义道路的内容。勤学好问的同学们对这段历史产生了浓厚的兴趣，课间总围着历史老师问：“老师，为什么我们国家选择了社会主义而不是什么别的主义？”“老师，社会主义和资本主义相比优势在哪里？”……

老师看到同学们求知若渴的目光，很是欣慰，说道：“好，看来同学们都很感兴趣，今天我们这节课就专门对社会主义道路的选择问题进行讨论。其实，社会主义最初传入中国的时候对于它能不能救中国，是被打了一个大问号的。当时，中国思想界也有些著名学者认为社会主义救不了中国。中国人民对选择它的不确定性是非常非常大的。”

“老师，那我们的先辈又是怎样选择了社会主义这条道路的？”刘欣满脸疑惑。

“那老师要考考你们学知识学得扎不扎实了。洪秀全领导的太平天国运动所选择的思想武器是什么？”老师向同学们发问。

“是基督教义。”李天泽很快反应过来，“他把上帝、耶稣变成所谓的天父、天兄，来改造他的太平天国，凝聚人心。但这种生硬的改造缺乏先进阶级的领导，行事上仍具有小农阶级的局限性，从一开始就注定会失败。”

老师继续引导大家思考：“除了太平天国运动，我们还有过怎样的尝试？”

“洋务运动。”

“当时，中国机器制造、科学技术水平不如西方，所以怎么办？”

“师夷长技以制夷。”

“但是很遗憾，从1861年到1895年，轰轰烈烈的洋务运动持续了30多年，还是破产了。洋务运动的失败给我们带来的最大启示是什么？”

“光引进技术还不够，必须要改变封建制度。”

“是的。后来一批具有先进思想的中国人——以康有为、梁启超等为代表的维新派人士借助光绪帝倡导学习西方，提倡科学文化，改革政治、教育制度，发展农业、工业、商业等，这场资产阶级改良运动即戊戌变法，最后还是以失败告终。但努力的中国人并没有停止脚步，随后，一位给中国带来新希望的人出现了，同学们知道他是谁吗？”

“孙中山！”同学们齐声答道。

“孙中山先生领导的辛亥革命是一次怎样的革命呢？”

蓝天宇说：“推翻了清王朝，结束了中国2000多年的封建君主专制制度。”

周子安继续补充：“是中国近代史上一次伟大的资产阶级民主革

命，极大推动了中华民族的思想解放。”

“孙中山先生领导的辛亥革命，虽然推翻了2000多年的封建帝制，但仍未改变中国的社会性质，最后还是失败了。同学们从历史的轨迹中可以看出什么呢？”

马铮铮抢答道：“为了救中国，我们的先辈们曾经作出许多努力。”

链接

自从一八四〇年鸦片战争失败那时起，先进的中国人，经过千辛万苦，向西方国家寻找真理。……

帝国主义的侵略打破了中国人学西方的迷梦。很奇怪，为什么先生老是侵略学生呢？中国人向西方学得很不少，但是行不通，理想总是不能实现。多次奋斗，包括辛亥革命那样全国规模的运动，都失败了。国家的情况一天一天坏，环境迫使人们活不下去。

——毛泽东《论人民民主专政》

老师肯定地点了点头，继续讲：“辛亥革命后，中国尝试过多条道路，但都没能解决中国的前途和命运问题。这些失败的教训告诉我们，没有科学的理论指引，没有先进的政党来领导，要改变中国的前途命运是不可能的。”

“我知道了！我爷爷曾经告诉过我，这时候，1917 年俄国十月革命的成功，让中国的先进分子看到了希望！”马铮铮迫不及待地告诉大家。

老师说：“铮铮说得对。在这之前，中国人知道马克思主义的很少。1917 年，俄国十月社会主义革命的胜利，使中国先进的知识分子看到了曙光。

链 接

十月革命一声炮响，给我们送来了马克思列宁主义。十月革命帮助了全世界的也帮助了中国的先进分子，用无产阶级的宇宙观作为观察国家命运的工具，重新考虑自己的问题。走俄国人的路——这就是结论。

——毛泽东《论人民民主专政》

“在社会主义思潮的影响下，李大钊、陈独秀、毛泽东、蔡和森、恽代英等当时的先进分子都转变为社会主义者。

“1921 年 7 月 23 日，中国共产党第一次全国代表大会召开，一个仅有 50 多名成员的马克思主义政党宣告成立。中国共产党从此登上历史舞台，用马克思主义指引中国人民走出漫漫长夜，中华民族伟大复兴开启了光明征程。

“江河万里总有源，树高千尺也有根。大家发现了吗？选择社会主义道路并不是某一个领导人一个简单的决策，而是我们的人民经过反复尝试后作出的选择。习近平爷爷指出：‘道路决定命运，找到一条正确道路是多么不容易。中国特色社会主义不是从天上掉下来的，是党和人民历尽千辛万苦、付出各种代价取得的根本成就。’”

链 接

新中国的成立，开创了中国历史的新纪元。中国人民终于赢得了民族独立，真正成为国家的主人。1956 年我国完成了对农业、手工业和资本主义工商业的社会主义改造，建立起社会主义基本制度。社会主义制度的建立是中国历史上的大事，但是，如何在中国建设社会主义，是党面临的一个崭新课题。我们学习苏联经验，但在实践中，我们党很快就察觉到苏联模式具有局限性，必须要探索出一条适合中国国情的社会主义建设道路。我们党在探索过程中虽然有过曲折和失误，但党在社会主义革命和建设中取得的一系列重大的成就，为新的历史时期开创中国特色社会主义提供了宝贵经验、理论准备、物质基础。1978 年召开的中共十一届三中全会，开启了我国改革开放和社会主义现代化建设的历史新篇章。在改革开放的伟大实践和接力探索中，我们党逐步开辟了中国特色社会主义道路，党的十二大旗帜鲜明地提出“走自己的道路，建设有中国特色的社会主义”的科学论断。党的十八大以来，中国特色社会主义进入新时代，党和国家的事业发生历史性变革，取得历史性成就。

老师最后总结道："同学们，通过今天的讨论和交流，我们理解了中国人民是在艰难曲折的探索中选择了马克思主义、选择了社会主义道路的；之后又历经千辛万苦、付出各种代价，开创和发展了中国特色社会主义道路。历史和现实都告诉我们，只有社会主义才能救中国，只有中国特色社会主义才能发展中国。这是历史的结论、人民的选择。"

3

爱国是立德之源、立功之本

——疫情下的爱与责任

2020年，突如其来的新冠肺炎疫情，让同学们经历了一个非同寻常的“超长假期”。在学校做好疫情防控工作的前提下，同学们终于盼来了返校复学，回到了熟悉的校园。这一天，沉寂已久的校园里又一次响起了悠扬的上课铃声和琅琅读书声。马铮铮和他的同学们端正地坐在教室里，等待着班主任刘老师的到来。

刘老师也已经迫不及待地想要见到大家了。她走进教室，欢迎同学们回来：“同学们，这个‘加长版’的寒假是不是让你们对久别的校园有点怀念呢？老师很高兴，今天你们终于回到美丽的校园，和熟悉的同学坐在一起学习。在这种特殊的情形下，我们看到了什么、记住了什么、思考了什么、感悟了什么，都是一种重要的学习。疫情是一场大考，全国各族人民在党中央坚强领导下，展示了中国的大国担当和中华民族的崇高品质，交出了一份优秀的答卷。今天同学们回到学校的第一课，我们来谈谈疫情教给我们的爱与责任。”

说完，刘老师为同学们播放了一堂战“疫”公开课的视频，讲课者是中国科学院院士、西安交通大学教授陶文铨，公开课的题目为《爱

国奋斗　立志成才》。

公开课上，陶院士向同学们介绍，抗日战争时期，当时的清华大学、北京大学与南开大学广大师生历经艰辛迁移到云南昆明，组成了西南联合大学。学校培养出 2 位诺贝尔奖获得者、5 位国家最高科学技术奖获得者、8 位“两弹一星”元勋，以及 172 位中国科学院与中国工程院院士。这些学校的办学历程，代表了中国人民在战火中依然不屈不挠教育救国的决心。

链接

1959 年开始，苏联从我国大批撤走帮助我国经济建设与国防建设的专家，这虽然使我国科研与工业发展一度陷入十分困难的境地，但也极大地激发了我国科技人员自主研发的决心。……在钱三强、邓稼先等前辈的努力下，1964 年我们的第一颗原子弹终于成功爆炸。……1967 年 7 月，中国成功地进行了氢弹试验。这之间仅用了 2 年 8 个月。于敏等老一辈科学家，几十年隐姓埋名“消失”在科技界的视线里，只为让一个又一个“中国梦”变成现实。这是老一辈科学家、革命家们不畏艰险、科技报国的真实写照。

——陶文铨《爱国奋斗　立志成才》（有改动）

同学们的眼眶都渐渐湿润了，他们被我们国家的科学先驱的爱国情怀所触动。视频播放完后，刘老师看着大家激动的样子，说道："陶文铨院士为我们讲述了在新中国不同历史时期，一大批'逆行者'攻坚克难、冲锋陷阵的励志故事。在中国的发展道路上，我们也曾遇到过各种各样的困难与阻碍，而中国人民努力奋斗，克服困难，将一个又一个的'中国梦'变成了现实。同学们，你们听完陶院士的课，又有怎样的感受呢？"

马铮铮高高地举起了手，在刘老师的示意下站起来，说："陶院士给我们讲的这些故事，其实是在告诉我们，老一辈科学家在国家危难之时能挺身而出，毅然奔赴一线，体现的是崇高的科学精神和家国情怀。这种精神和情怀不仅从前有，现在依然有！在这次疫情暴发之后，像钟南山、李兰娟、张伯礼这样的优秀专家，都义无反顾地奔赴武汉，用他们高超的医术、科学的精神，为我们战胜疫情增添了信心！"

"铮铮说得真好！希望大家通过这次疫情，能更深刻地认识到科学知识的重要性，同时能把这种崇尚科学、担当责任、无私奉献的精神一代代传承下去。天泽，老师听说你的妈妈也是驰援武汉的医务人员之一，你能和大家讲一讲吗？"刘老师把目光转向了李天泽。

"是的，我记得那时候还在过年，当医院发出动员后，我妈妈毫不犹豫地报了名。"说到这儿，李天泽有些哽咽，"妈妈是在确定成为援鄂医疗队员后才把这件事告诉我们的。我和爸爸都非常担心。大家都知道，新冠肺炎病毒的传染性非常强，近距离接触患者是非常危险的事。但是，妈妈却说她作为医务工作者，治病救人是义不容辞的职责。武汉那么需要医务人员，她没有理由不去。她还安慰我和爸爸，说有许多同事和她在一起，她只是换了一个地方工作……”

李天泽抽了抽鼻子，缓了缓，继续说：“但现在我特别能理解她，那么多驰援武汉的医务人员都是冒着生命危险在工作的，尽管当时的条件很艰苦，治疗的过程很艰难，但是没有一个人放弃，我妈妈只是其中最普通的一员。我为我的妈妈感到骄傲，我敬佩所有援鄂的医务工作者！”

“相信同学们通过新闻报道和天泽的讲述，都能够深切感受到这

些‘最美逆行者’的大爱无疆，也更能充分理解中华民族‘一方有难，八方支援’的优良传统。”刘老师说这话时看到蓝天宇若有所思的样子，便问他：“天宇，你好像在思考什么，能和大家分享一下吗？”

蓝天宇不好意思地站起来，说出了心中的困惑：“刚才大家说的都是伟大的科学家，或者专业的医务工作者，我听了他们的事迹后，也特别想为国家出一份力，可我只是个中学生，我能做些什么呢？”

这时刘老师看到周子安也迫不及待地想要发言，便请周子安来回答蓝天宇的问题。

“在这次疫情中，让我印象最深刻的其实就是那些平凡生活中的普通人，他们为‘战疫’贡献出自己的微薄之力。一些企业家甚至买下外国的口罩工厂，为中国解决医用口罩供应不足的问题；海外侨胞、留学生想方设法筹集、购买医用防护物资寄回祖国。而我们能做些什么呢？我知道我们身边也有同学用自己的零花钱买了口罩寄到湖北，还有无数的志愿者投入到抗疫一线的工作中……所以我也把自己所有的零花钱都用来买了防疫物资，寄到武汉去了。”

同学们听到这里，都向周子安投去了赞许的目光，并由衷地为她鼓掌。

刘欣听到周子安这一席话，也说道：“刚才子安提到了志愿者，我也在新闻上看到了采访，其中有一位志愿者说了一句话，触动了我的内心。当别人问他为什么要参加志愿服务的时候，他只答了一句‘祖国需要我’。其实不管在哪个岗位上，是什么样的身份，面对这场疫情，我们都是中华儿女，无论能贡献多少力量，我们都应该为国家、为抗击疫情出一份力！”

链 接

爱国，是人世间最深层、最持久的情感，是一个人立德之源、立功之本。

——2018 年 5 月 2 日，习近平在北京大学师生座谈会上的讲话

同学们听后受到了极大的触动和启发，你一言我一语地表达着自己的感受和想法。刘老师也被感染了，她动情地说道：“同学们刚才的发言都非常打动我。当前我们处在全民抗击新冠肺炎疫情的历史大潮中，见证并参与了全过程，每个人都有代入感，大家更加深刻理解了爱国主义和英雄主义情怀。从你们身上，我也看到了你们对祖国深切的热爱和少年的担当！今后在面临困难时，老师希望大家能做到像我们这一次面对新冠肺炎疫情一样，坚定信念，坚韧不拔。一代人有一代人的奋斗，一个时代有一个时代的担当，和平年代更加呼唤有理想、有本领、有担当的奋斗者。只有把爱国情、强国志、报国行融入实现中国梦的奋斗之中，才能汇聚起追逐梦想的磅礴力量。”

“对！就像陶院士教导我们的：爱国奋斗，立志成才！”马铮铮坚定地说。

4

值得我们骄傲的“四个自信”

——“小老师”开讲啦

上课铃响了，同学们安安静静地坐在教室里，眼里充满期待。原来，这节课由班上的四位“小老师”来给大家上。要讲什么内容呢？“当今世界，要说哪个政党、哪个国家、哪个民族能够自信的话，那中国共产党、中华人民共和国、中华民族是最有理由自信的。”在庆祝中国共产党成立95周年大会上，习近平爷爷明确指出，要坚持中国特色社会主义道路自信、理论自信、制度自信、文化自信，坚持党的基本路线不动摇，不断把中国特色社会主义伟大事业推向前进。

这“四个自信”有着怎样的内涵和意义呢？同学们迫不及待地要听“小老师”开讲啦。

道路自信

“今天我要给大家讲的内容，是一条道路。这条道路不是指普通的往来通行的道，而是一条事关国家民族前途命运之路。这是一条没人走过的路，这是一条挑战连连的路，这是一条在拓展中不断向前的路。你们猜猜看，这是一条什么样的道路？”马铮铮一上来就给大家卖了个关子。看到同学们疑惑的表情，马铮铮继续说："习近平爷爷说，这是当代中国大踏步赶上时代、引领时代发展的康庄大道，必须毫不动摇走下去。这条路，就是中国特色社会主义道路。"

链接

中国特色社会主义道路是实现社会主义现代化、创造人民美好生活的必由之路，是实现中华民族伟大复兴的必

由之路。这一道路，既坚持以经济建设为中心，又全面推进经济、政治、文化、社会、生态文明建设以及其他各方面建设；既坚持四项基本原则，又坚持改革开放；既不断解放和发展社会生产力，又逐步实现全体人民共同富裕，促进人的全面发展。

“上次我们和历史老师探讨的时候已经知道，1840 年以来的历史告诉我们，只有社会主义才能救中国，只有共产党才能救中国。我们一起来看看走在这条道路上的中国取得了怎样的成绩。”

马铮铮随即展示了一组数据。

链 接

1. 从积贫积弱到综合国力、国际地位实现历史性飞跃。2018 年我国国内生产总值比 1952 年增长了 174 倍，我国成为世界第二大经济体；2018 年我国人均国民总收入达到 9732 美元，高于中等收入国家平均水平；2019 年国家财政收入与 1950 年相比增长了 3000 多倍，政府宏观调控能力日益增强；2018 年末，外汇储备余额在 3 万亿美元以上，连续13年稳居世界第一。

2. 从封闭半封闭到全方位开放。新中国成立以来，中国开放的大门越开越大。2018年，货物进出口总额达到4.6万亿美元，对比1950年增长超过4000倍。中国始终以谦逊的态度和坚强的意志拥抱世界、融入世界。从提出“一带一路”倡议，发起创办亚投行，到设立丝路基金，再到主办中国国际进口博览会……党的十八大以来，以习近平同志为核心的党中央，更是引领着中国向世界敞开怀抱，同各国携手并肩，与全球同频共振，开辟深层次全方位开放的崭新局面。

3. 从科技落后到成果涌现。改革开放以来，我国科技投入不断增加，2018年，我国研究与试验发展经费支出为19657亿元，比上年增长11.6%，研发人员总量居世界第一，发明专利申请量和授权量居世界首位。“嫦娥”探月、北斗组网、航母海试、“鲲龙”击水、月背着陆、5G商用、海射首秀……近年来不断涌现的重大科技成果，为实现高质量发展提供了强有力的科技支撑。

“实践证明，中国特色社会主义道路是一条既符合中国国情，又适合时代发展要求并取得巨大成功的唯一正确道路。只有这条道路而没有别的道路，能够引领中国进步、增进人民福祉、实现民族复兴。”

理论自信

在同学们热烈的掌声中，李天泽走上讲台：“今天，我和大家聊的话题是‘理论自信’。”

李天泽刚说完就听到坐在下面的同学小声嘀咕：“我们还不知道有哪些理论呢。”

“那我们就先了解一下‘理论’。中国特色社会主义理论体系是指导党和人民实现中华民族伟大复兴的正确理论，是立足时代前沿、与时俱进的科学理论。这一理论体系，包括邓小平理论、‘三个代表’重要思想、科学发展观以及习近平新时代中国特色社会主义思想。”李天泽微笑着说。

链接

中国特色社会主义理论体系是对马克思列宁主义、毛泽东思想的坚持和发展。中国共产党成立以来，我们始终坚持与时俱进，结合中国的具体实际，不断丰富和发展马克思主义，使马克思主义在中国焕发出强大生机活力。理论产生于实践，同时又指导着实践。正是在改革开放和建设中国特色社会主义的伟大实践中，我们明白了哪些是不能做的、哪些是可以继续做下去的，在实践中创新理论，产生了邓小平理论、“三个代表”重要思想、科学发展观，以及习近平新时代中国特色社会主义思想，形成了中国特色社会主义的理论体系。改革开放和中国特色社会主义建设取得的巨大进步和成功，进一步提高了中国特色社会主义理论体系在人们心目中的威望，增强了人们对这一理论的坚定信仰。因此，坚持和发展中国特色社会主义理论自信具有坚实的实践基础。

“中国理论使我们的国家完成了从‘睁眼看世界’到‘让世界倾听中国’的华丽转身。只有坚定不移地坚持中国特色社会主义理论自信并让它指导我们社会主义建设的伟大实践，社会主义伟大事业才能不断取得进步。我们应坚定中国特色社会主义的理论自信，推动中国特色社会主义事业不断发展。”

制度自信

在2019年的“两会”采访中，有记者听到一位列席全国政协会议的海外侨胞说，为什么在国外越久就越爱国？那是因为在国外待得越久，就越能体会到中国制度的优越性。

“我要考考大家，我们说的‘中国制度’都有哪些制度？”周子安笑眯眯地问大家。

“社会主义制度！”

“民族区域自治制度！”

“基本经济制度！”

“看来大家都懂得不少。社会主义制度的确立，完成了中华民族有史以来最为广泛、最为深刻的社会变革，为当代中国一切发展进步奠定了根本政治前提和制度基础。为什么我们中国能用几十年的时间走完发达国家几百年走过的发展历程，创造令人惊叹的‘中国奇迹’？很关键的一点，就在于我们坚持与发展了中国特色社会主义制度。”

链接

中国特色社会主义制度是当代中国发展进步的根本制度保障，是具有鲜明中国特色、明显制度优势、强大自我完善能力的先进制度。

——2016 年 7 月 1 日，习近平在庆祝中国共产党成立 95 周年大会上的讲话

“我们可以看到，中国特色社会主义制度是特色鲜明、富有效率的。中国特色社会主义制度是党和人民在长期实践探索中形成的科学制度体系。2020 年的春天，令我们每一个人都终生难忘。新冠肺炎疫情来势汹汹，严重影响人民的生命安全和身体健康。全国人民在党中央

的领导下，众志成城，英勇奋战，很快将疫情控制下来，抗疫成效举世称赞。抗击新冠肺炎疫情是对国家制度和治理体系的一次‘大考’，而我们国家则交出了一份令人满意的答卷。党和人民生死与共的血肉联系，党的领导下全国人民团结一心、守望相助的顽强意志，让我们充满了抗击疫情的力量。党中央一声令下，各级政府、各行各业、各地群众迅速投入防控疫情的战斗中，体现出了社会主义制度强大的动员能力。疫情的防控成效再次充分证明，中国特色社会主义制度是有效的、管用的，是具有鲜明中国特色、明显制度优势、强大自我完善能力的先进制度。”

链接

历史没有终结，也不可能被终结。中国特色社会主义是不是好，要看事实，要看中国人民的判断，而不是看那些戴着有色眼镜的人的主观臆断。中国共产党人和中国人民完全有信心为人类对更好社会制度的探索提供中国方案。

——2016年7月1日，习近平在庆祝中国共产党成立95周年大会上的讲话

文化自信

“习近平爷爷在故宫接待美国总统特朗普时曾经意味深长地说过一句话：文化没有断过流的，始终传承下来的只有中国。我相信大家听到这句话的时候，心里一定是骄傲和自豪的！今天我们就一起来探

讨关于文化自信的问题。”蓝天宇一走上讲台，就让大家振奋了精神。

“习近平爷爷曾经说过，文化自信，是更基础、更广泛、更深厚的自信，是更基本、更深沉、更持久的力量。坚定文化自信，是事关国运兴衰、事关文化安全、事关民族精神独立性的大问题。”

“那么有哪位同学知道我们所说的‘文化’是什么样的文化吗？”蓝天宇看向陷入思考的大家，继续说道，“我们来听听习近平爷爷是怎么说的吧。”

链 接

文化是一个国家、一个民族的灵魂。文化兴国运兴，文化强民族强。没有高度的文化自信，没有文化的繁荣兴盛，就没有中华民族伟大复兴……

中国特色社会主义文化，源自于中华民族五千多年文明历史所孕育的中华优秀传统文化，熔铸于党领导人民在革命、建设、改革中创造的革命文化和社会主义先进文化，植根于中国特色社会主义伟大实践。

——2017年10月18日，习近平在中国共产党第十九次全国代表大会上的报告

“中国特色社会主义文化积淀着中华民族最深沉的精神追求，代

表着中华民族独特的精神标识，是激励全党全国各族人民奋勇前进的强大精神力量。文化自信是一个国家、一个民族对自身文化价值的充分肯定，是对自身文化生命力的坚定信念，是一个国家、一个民族发展中更基本、更深沉、更持久的力量。同学们，中华文化源远流长、博大精深、薪火相传、历久弥新，是我们中华儿女为新中国建设接续奋斗的精神支持，是最有理由充满自信的文化。越是‘乱花渐欲迷人眼’，就越要‘不畏浮云遮望眼’！”

同学们被蓝天宇满怀信心的情绪所感染，他的话音刚落，大家就鼓起掌来。

刘老师满意地看着四名“小老师”和全班同学，总结道：“改革开放以来，我们取得一切成绩和进步的根本原因，归结起来，就是开辟了中国特色社会主义道路，形成了中国特色社会主义理论体系，确立了中国特色社会主义制度，发展了中国特色社会主义文化。这是中国特色社会主义最鲜明的特征，必须坚定道路自信、理论自信、制度自信、文化自信。坚定‘四个自信’，就能毫无畏惧面对一切困难和挑战，就能坚定不移开辟新天地、创造新奇迹。”

5

人民对美好生活的向往永远是党的奋斗目标

——“小马列”看扶贫故事

2019年7月1日，是中国共产党98岁生日。这天晚上，南宁广播电视台新闻综合频道播出“闪光的足迹”——南宁机关“四个一线”（即项目建设一线、改革创新一线、脱贫攻坚一线、维护稳定一线）共产党员先进事迹情景报告会。马铮铮做完作业走出书房，看到爷爷被节目内容所感染，激动得热泪盈眶，他不禁好奇地坐到爷爷身边跟爷爷一起看了起来。

电视里正播出南宁市脱贫攻坚战前线指挥部的扶贫故事。

链接

2019年5月，中共南宁市委决定，由南宁市脱贫攻坚战前线指挥部牵头成立“强基础、补短板”工作队。指挥部办公室主任刘宗晓接受任务后，二话不说，率领200多名“战友”一头扎进了上林、马山、隆安三个国家扶贫开发重点县，分片定点开展工作，一待就是一个月。

在马山县，贫困村卫生室的医保结算问题已经困扰群众很长时间。群众看病花了钱，却不能直接在村里报销，而是要到镇上去办理手续，非常不方便。刘宗晓了解情况后，马上联系市县医保、卫健部门的工作人员，与他们一起分析研究，寻找突破口，最终选择了具备条件的15家贫困村卫生室，试点安装医保结算系统，解决了群众的医保结算难题。此外，他还积极协调马山县委、县政府投入126万元，为149个村卫生室改善硬件设施，使参保群众不用出村，就能享受“一站式”门诊结算服务。

“党的政策就是好，家门口就能报销医保，太方便了！”群众纷纷称赞。

冯礼就是南宁市脱贫攻坚战前线指挥部驻宾阳县工作组的联络员。五年来，他如陀螺般旋转在扶贫第一线。为了解决山区群众的“喝水难”问题，从2015年开始，他奔波在隆安、马山、上林等县的大石山区，翻山越岭，只为寻找优质、安全、便捷的水源。在冯礼就和同志们的共同努力下，当地农村建设了安全饮水工程557处，较好地解决了部分群众“缺水”致贫的问题。

南宁市脱贫攻坚战前线指挥部驻青秀区组长邓伟现，

是一个始终把扶贫工作刻在心里、标在图上的攻坚“达人”。他随身必备记事本和笔，每到一个村，他都一边与干部群众交谈，一边记录干部群众反映的问题和困难。他的笔记本写得密密麻麻，换了一本又一本，笔芯也换了一支又一支。这些记录，是邓伟现和扶贫干部、村委干部一起调查研究、解决问题的最好见证。

邓伟现还有一个“宝贝”，那就是他手工标绘的一张扶贫地图，上面标注了44个小黑点。这些小黑点，是分布在青秀区、江南区、兴宁区、良庆区和西乡塘区的贫困村。邓伟现自豪地说：“上面的每一个地方，我都待过！”

马铮铮看完之后，看着久久不作声的爷爷问道：“爷爷，最打动您的是什么？”

爷爷沉默了一会儿，把思绪从远方拉回来，答道：“铮铮啊，你知道的，爷爷当年到农村插队，亲历过农村的穷、农民的苦。新中国成立，挖掉了苦根，但还没有结成甜果。新中国毕竟底子薄、贫困面宽，百废待举呀。那时乡亲们都住在土坯房里，有些人家里连床都没有，就睡在泥土砌起来的炕上，吃饱穿暖的问题没有解决，生活相当贫困。当时大家最期盼的，就是能顿顿吃上白米饭，能敞开肚子尽情吃肉。”

爷爷一边拿起手机翻出几张照片，一边继续说着："我现在和以前插队时认识的村里的乡亲们联系，他们告诉我现在村里已经铺上了柏油路，乡亲们住上了砖瓦房，用上了互联网，老人们有基础养老金，村民们有医疗保险，孩子们可以接受良好教育，当然吃肉已经不成问题了。今天看到我们身边的这些扶贫干部的付出，我更感受到，我们党的确是把人民对美好生活的向往作为自己的奋斗目标。"

"嗯！我也经常能听到习近平爷爷在各种讲话中提到这一点。"马铮铮点点头。

“你还是很细心的嘛！对幸福生活的追求是推进人类文明进步最持久的力量。十八届一中全会后，习近平总书记面对中外媒体记者时郑重宣示，‘人民对美好生活的向往，就是我们的奋斗目标’。进入新时代，人民对美好生活的向往更加强烈，期盼有更好的教育、更稳定的工作、更满意的收入、更可靠的社会保障、更高水平的医疗卫生服务、更舒适的居住条件、更优美的环境，期盼孩子们能成长得更好、工作得更好、生活得更好。”

链接

勤劳勇敢的中国人民是中华民族生生不息、发展壮大的脊梁。

——2017 年 1 月 26 日，习近平在 2017 年春节团拜会上的讲话

人民是历史的创造者，人民是真正的英雄。

——2018 年 3 月 20 日，习近平在第十三届全国人民代表大会第一次会议上的讲话

“所以共产党真的很得民心啊！”

“是啊，这充分体现了党的领袖情系群众、关注民生的为民情怀，也指明了新的历史条件下党对人民的责任。铮铮，你还记得 2019 年 3 月

习近平爷爷在意大利进行国事访问时，意大利众议长菲科向他发问‘您当选中国国家主席的时候，是一种什么样的心情？’‘作为世界上如此重要国家的一位领袖，您是怎么想的？’习爷爷是怎么回答的吗？”

这可难不倒马铮铮，他很快答道：“我记得，习爷爷说，‘这么大一个国家，责任非常重、工作非常艰巨。我将无我，不负人民。我愿意做到一个“无我”的状态，为中国的发展奉献自己’。我听到这句话时真的很感动，‘我将无我’，最终是为了不负人民，习爷爷无论什么时候，心中装着的都是人民。”

“习总书记在许多公开讲话中反复提到共产党的执政理念‘立党为公、执政为民’，概括起来就是：为人民服务，担当起该担当的责任。”爷爷进一步为马铮铮解读了习近平爷爷讲话的内涵。

链 接

我们党坚持把实现好、维护好、发展好最广大人民根本利益作为一切工作的出发点和落脚点，重大工作和重大决策必须识民情、接地气。以人民群众利益为重、以人民群众期盼为念，真诚倾听群众呼声，真实反映群众愿望，真情关心群众疾苦。坚持工作重心下移，深入实际、深入基层、深入群众，做到知民情、解民忧、纾民怨、暖民心，多干让人民满意的好事实事，充分调动人民群众的积极性、主动性、创造性。这些都是我们党真挚的人民情怀。

“与百姓生活息息相关的柴米油盐、衣食住行不是鸡毛蒜皮的小事。爷爷，我前天看新闻的时候正好看到一组关于老年人的数据：2018年，中国人均预期寿命77岁，高于72岁的世界平均预期寿命；截至2017年底，全国各类养老服务机构约15.5万个，全国经济困难的高龄老年人津贴制度实现了省级全覆盖。”

爷爷爽朗地笑着说：“现在我们的生活是越来越有盼头了！”

“我也相信，有那么多优秀的党员叔叔阿姨在努力奋斗着，我们党一定能够带领人民创造更加幸福美好的生活！”

6

勇敢肩负起时代赋予的重任

——“小马列”和爷爷分享开展志愿服务的成果

“要勇敢肩负起时代赋予的重任”，是习近平总书记对青年的期待，他多次强调，青年要成长为国家栋梁之材，要读万卷书、行万里路。既多读有字之书，也多读无字之书，注重学习人生经验和社会知识。坚持知行合一，在实践中学真知、悟真谛，加强磨炼、增长本领。为响应总书记的号召，学校团委通过选拔，组建了一支志愿服务队，定期开展志愿服务活动。马铮铮和李天泽通过层层选拔，光荣地成为第一批队员。一年下来，他们参加了不少志愿服务活动。

“铮铮，你快来看，优秀志愿者的评选结果出来了！”李天泽在拥挤的公示栏前向马铮铮挥手。一年一度的“优秀志愿者”评选是大家都非常关注的事情，能评上的同学服务时间长、评价高，获得这个荣誉的同学都是大家学习的榜样。

马铮铮拍了拍李天泽的肩膀:“看把你激动的,你肯定评上了吧?”

“我俩都评上了！我们可是志愿服务先锋！”李天泽一脸骄傲。

“你可别骄傲！这件事情要坚持下去可不容易。”

马铮铮一进家门，就迫不及待地和爷爷分享这个荣誉：“爷爷，告诉你个好消息，我被评为‘优秀志愿者’啦！”

“做得不错，铮铮。你跟爷爷说说，你最近都参加了哪些志愿服务活动？”

“好呀！上个月，我和天泽他们组成了一个叫作‘垃圾分类大作战’的志愿服务小分队，开展了一些和垃圾分类有关的活动。”

“哦？你们怎么会想到做这个呢？”爷爷放下报纸，笑眯眯地看着马铮铮。

“爷爷，我记得我曾经在电视上看到有关垃圾分类的报道，我们选择这个活动主题，就是希望能够尽自己的努力，促使垃圾分类成为全民‘举手之劳’，成为全社会新风尚！”

链 接

2018 年 11 月，习近平在上海考察时强调，垃圾分类工作就是新时尚！这不仅是一种文明健康的生活方式，更体现着我们的素质与社会的进步，体现着人们的共同担当与共同参与。

“不错，这的确是我们当前社会工作的一个热点。你们都是怎么做的？”爷爷接着问。

马铮铮认真地向爷爷介绍起来：“我们市已经开始实施垃圾分类

投放了，但是不知道市民到底做得怎么样，所以我们利用周末的时间，先在学校旁边的小区开展了问卷调查。经过调查了解我们发现，大部分市民不能按要求进行垃圾分类，是因为没有接受过相关的培训。大多数了解这方面知识的是年纪比较小的在校学生和青年人，而老年人了解得比较少。”

“是呀，如果爷爷不懂这些知识，你要怎么办呢？”

“既然大家对垃圾分类的知识不了解，我们就从宣传开始。在学校，各个学科的老师都教会了我们一些和垃圾分类有关的知识，结合一些公益广告，我们画了好些海报和宣传单。我们把海报张贴在社区

的宣传栏，还挨家挨户地发放了宣传单。”说到这儿，马铮铮不好意思地挠了挠头，“一开始，有些住户还怀疑我们，不让我们给他们发宣传单。”

“后来你们是怎么办的？”

“我们第一周服务结束回来后，大家商量了一下，决定下一次活动前先在社区工作人员的帮助下举办一次垃圾分类知识宣讲会。有了社区的叔叔阿姨在场，居民们才会相信我们。”

“没想到你们还是蛮会想办法的嘛！年轻人的脑瓜子就是活络。”爷爷赞许地拍了拍马铮铮的肩膀。

“那次的宣讲会挺成功的，我还说了一段快板呢！”马铮铮说着就兴致勃勃地为爷爷表演起来。

链 接

垃圾分类我先行，关系健康和生命。
认清四色垃圾桶，细心分类辨仔细。
蓝色大桶可回收，变废为宝有意义。
电池灯管温度计，红色醒目引注意。
家庭厨余湿垃圾，绿色桶来装好它。
其他垃圾灰桶放，要为城市树形象。
分类投放好习惯，举止文明人人夸！

爷爷听了十分高兴，直对马铮铮竖起大拇指。

马铮铮继续说："除此之外，我们每次去开展志愿服务活动，还会在小区里的各个垃圾堆放点执勤，作为垃圾分类引导员，帮助大家养成分类投放垃圾的好习惯。"

"你们的工作做得那么细致，成果还不错吧？"

"是呀，我们在那个小区的志愿服务活动持续了一个月的时间，还得到了社区工作人员的表扬，小区里的住户遇到我们都纷纷竖起大拇指。我们很有成就感！爷爷您知道吗，现在那个小区的垃圾分类完成率在社区里可是排名第一的！"马铮铮不禁昂起了头，特别自豪。

爷爷看着马铮铮的样子，又欣慰又感慨："铮铮啊，你们做了一件有意义的事情。作为学生，不能只在学校里埋头读书，还要学会把自己所学的东西用起来，推动我们社会的发展进步。"

"是的，爷爷，我们以往的志愿服务活动都是在老师的组织下去做一些整理书籍、打扫卫生的事，这是我们第一次自己策划并坚持做的时间最长的一件事。我们都意识到了，走向社会、了解社会，能帮助我们开拓视野、增长才干。让我们所学的知识有用武之地，这样才更有意义。"

"铮铮啊，古今中外凡是对本民族乃至整个人类文明进步做出重要贡献的人物，无不是从青少年时代就具有强烈的历史使命感。爷爷很欣慰地看到了你们年青一代已经有了努力学习、振兴中华的使命感，把热爱祖国的思想感情和实际行动结合起来。这样的志愿服务活动做得很好，你们要坚持下去哦！"

铮铮坚定地看着爷爷说："习爷爷说过，温室里长不出参天大树，懈怠者干不成宏图伟业。我们是学生，要把学习作为首要任务，好好珍惜在校学习的时间，充分汲取知识的养分，坚持学以致用。除此之外，也要在实践的大熔炉中增长见识，在社会的大学校里砥砺品质，坚定理想信念，志存高远，脚踏实地，为我们将来肩负起社会责任和使命打下坚实的基础。"

"好！少年兴则国兴，少年强则国强。你们是祖国的未来，一定要接过历史的接力棒，努力学习，积极探索，勇做走在前列的学习者、劳动者、奉献者，担负起历史重任，让青春在奋斗中绽放出绚丽的光彩。"

"瞧我们的吧！"马铮铮拍拍胸脯，祖孙二人相视一笑。

7

同人民一起梦想，青春才能无悔

——两位优秀学长的追梦经历

6 月 23 日是高考成绩公布的日子，班主任刘老师不停地收到以前教过的学生发来的报喜信息，脸上乐开了花。马铮铮和李天泽看到刘老师脸上兴奋的表情，不禁问道：“老师，什么事让您这么开心呀？”

刘老师掩饰不住心里的骄傲：“你们的学长高考分数出来了，考得很不错！有位学兄应该能上清华，还有位学姐应该也能上她心仪的中国人民解放军空军航空大学，或许以后能成为一名女飞行员啦！”

“哇！他们那么厉害！刘老师，能不能把他们请回学校来，给我们讲讲他们的经验呢？”马铮铮兴奋地问刘老师。

“这是个好主意！我马上问问他们。”说着，刘老师就用手机打起了电话。

没过几天，刘老师的两位得意门生相约回到母校，与学弟学妹们交流分享自己的学习经历和经验。

“同学们，今天，我们开展一次主题为‘乘新时代东风　放飞青春梦想’的团日活动，邀请两位优秀的学长来和我们分享他们的梦想和追梦之路。”同学们一边听刘老师介绍，一边把目光紧紧锁定在两位优秀的学长身上。

“同学们，你们还记得自己最初的梦想吗？”首先走上讲台的是杨光学兄，他鼻梁上的一副眼镜使他更显得文质彬彬。

“记得。”同学们看到杨光学兄笃定的眼神，立刻安静了下来，期待着他接下来的讲述。

“有谁小时候的梦想和我一样，是成为一名科学家的？”许多同学听了，不好意思地笑了。

“看来这是大家都曾有过的梦想，”杨光轻松一笑，“但这个梦想我至今没有改变过。小时候，科学家在我心目中是崇高的，他们追求真理、造福人类。再长大一些，我明白了也许我不一定会有造福全人类的功绩，但仍希望为让这个世界变得更好付出小小的努力。我经常梦到自己在实验室里做试验，科技领域的一项项成果总能令我兴奋不已。我希望将来某一项科技的突破中，能有我的一份力量。”

“杨光学兄，难道你就一直没有动摇过吗？”周子安带着一丝疑惑。

“当然有。当看到黄旭华院士因为研究核潜艇技术而不能回家、过着与世隔绝的日子的时候，我能感受到，真正的科研工作并没有想象中那么有趣，而是枯燥的，甚至是寂寞的。我的父母也担心我难以坚持，在学习遇到困难的时候我也曾经怀疑过自己是否有这个能力，但听了习近平总书记对广大青年的寄语之后，我坚定了自己的选择，这不仅是我的兴趣所在，也是国家和民族发展的需要。”

李天泽被杨光感染了，激动地问：“杨光哥哥，你想做哪方面的研究呀？”

“接下来马上就要填志愿选专业了，我想选择人工智能专业。”

链接

当代青年是同新时代共同前进的一代。我们面临的新时代，既是近代以来中华民族发展的最好时代，也是实现中华民族伟大复兴的最关键时代。广大青年既拥有广阔发展空间，也承载着伟大时代使命。

——2018年5月2日，习近平在北京大学师生座谈会上的讲话

“是研究机器人吗？”马铮铮一听也非常兴奋。

“是，但也不全是。”杨光面带微笑地解释，“人工智能这门科学是新一轮科技革命和产业变革的重要驱动力量，是工业4.0的核心，是未来的战略制高点。加快发展新一代人工智能是事关我国能否抓住新一轮科技革命和产业变革机遇的战略问题。这是我的兴趣所在，也是理想所在，我希望能为国家贡献自己的智慧和力量。”

“杨光学兄，我真佩服你，你就是习爷爷说的‘同人民一道拼搏、同祖国一道前进’‘走在时代前面的奋进者、开拓者、奉献者’，是我们的榜样！”马铮铮听了杨光学兄的话感慨道。

杨光接着说道：“你们也很不错呀！在今后的学习中，大家一定要坚定理想信念，练就过硬本领，勇于创新创造，矢志艰苦奋斗，锤炼高尚品格，用一生来追求自己的理想。祝你们梦想成真！接下来就请未来的女飞行员给你们讲讲她的故事。”说完，对沈梅做了一个邀请的手势。

“我想先给大家讲个故事。”沈梅娓娓道来。

“有个人大家可能不认识，她叫余旭，是中国首批歼击机女飞行员，是全中国仅有的少数具备表演机飞行资格的女飞行员之一，更是

中国第一位歼 -10 战斗机女飞行员。”简单的几句介绍，已经让台下的同学们流露出敬佩的神情。

“歼击机是超音速飞行，机动性能之强，技术难度之大，常人难以想象，更是难以承受。与男性相比，女性驾驶歼击机，在身体素质、心理素质和操作技能等方面都面临更加严峻的挑战。每天 3000 米长跑、大强度滚轮旋转的训练，让余旭每天休息时都感觉身体不是自己的，但志在蓝天的余旭却从来没有退缩过。”

“我看到她的事迹时，还在读高一，当时的我并没有认真想过今后要学什么专业，从事什么样的职业，但我真的被余旭的事迹感动了。对她的经历了解得越多，我越是被她的坚韧和担当所折服。我当即立下志向，要努力成为一名女飞行员。”

“2016 年 11 月 12 日，中国人民解放军空军 67 岁生日的第二天，一个噩耗传来：空军八一飞行表演队女飞行员、歼 -10 战斗机首批女飞行员余旭在飞行训练中不幸牺牲。公祭那天，有 30 多万群众来送她，鲜花摆满了烈士陵园。有一位河南的退伍老兵，家里生活也不太富裕，来回坐的都是绿皮火车，就为了在余旭墓前敬一个军礼；在余旭牺牲百日那天，有个人专程从东北飞来，在她的墓前告诉她，他给他刚出生的孩子取名言旭，要让儿子延续她的奉献精神和永不言败的进取精神；还有很多年轻人，在余旭墓前发誓要穿上军装，完成余旭未竟的事业……”

许多同学听到这里，眼里已经泛起了泪花。

“学姐，你不害怕吗？余旭最后牺牲了。”周子安小声地问，似乎是感觉到了什么不妥，问完之后又怯怯地坐下了。

沈梅顿了顿，继而说道："每一份职业都有可能遇到危险，如果因为这样就没有人去从事，我们的国家靠谁来建设？我们的民族又如何能够站起来呢？'不管每次训练多么辛苦，我好像从来没有真正退缩过。女军人、女飞行员，是我在自己生命乐章中留下的一笔，我期待在飞行之路上能多添几笔，把每一笔都当作书签，收藏在我生命的每一页中。'这是余旭生前写下的一段话，给我带来的震动非常大。她的生命乐章虽然不长，但跳动的都是震撼人心的节拍。她有一个'蓝天梦'，也一直在勇敢地追梦，正是因为有了一个个像她这样敢于有梦、勇于追梦、勤于圆梦的人，我们离实现中华民族伟大复兴的中国梦才越来越近！"

马铮铮颇有感触，不由自主地道出习近平爷爷对青年的寄语。

链接

青年的人生之路很长，前进途中，有平川也有高山，有缓流也有险滩，有丽日也有风雨，有喜悦也有哀伤。心中有阳光，脚下有力量，为了理想能坚持、不懈怠，才能创造无愧于时代的人生！

——2016年4月26日，习近平在知识分子、劳动模范、青年代表座谈会上的讲话

“学弟能谨记习总书记说的话，真的很不错！”沈梅对马铮铮竖起了大拇指，“我愿意带着余旭的梦继续挑战自我，高飞远航，也希望学弟学妹们能勤学、修德、明辨、笃实，爱国、立志、求真、力行，成为社会主义建设者和接班人，把你们每一个人的梦想融入伟大的中国梦，努力奋斗，不辱时代使命，不负人民期望。”

“同学们，今天利用这个难得的机会，大家和学长们进行了比较深入的交流，有哪位同学有什么感想要和大家分享的吗？”刘老师向同学们问道。

蓝天宇说：“我记得，1981 年北大学子在燕园一起喊出‘团结起来，振兴中华’的响亮口号，今天我们仍然要叫响这个口号，万众一心，为实现中国梦而奋斗，以青春之我、奋斗之我，为民族复兴铺路架桥，为祖国建设添砖加瓦。”

“一代青年有一代青年的历史际遇。我们的国家正在走向繁荣富强，我们的民族正在走向伟大复兴，我们的人民正在走向更加幸福美好的生活。你们作为当代中国青少年，要有所作为，就必须投身祖国的伟大建设。同人民一起奋斗，青春才能亮丽；同人民一起前进，青春才能昂扬；同人民一起梦想，青春才能无悔。”刘老师铿锵有力的话语久久萦绕在同学们心头。

8

中国特色社会主义进入新时代

——“小马列”和爷爷学习新论述

傍晚，放学回家的马铮铮发现平时这时候都在阳台侍弄花草的爷爷伏在书桌上写着什么。他好奇地凑上前去问道：“爷爷，您在写什么呀？”

“爷爷想从十九大报告全文中整理出一些有意思的内容让你看看。”爷爷回答道，手中的笔也没停下。

“太好了！爷爷您现在正在整理的是什么内容呢？”马铮铮有点迫不及待了。“既然你回来了，我们就一起来看看吧。”爷爷说着，便把手中的资料摊开。

链接

党的十九大报告中提出了中国发展新的历史方位——中国特色社会主义进入了新时代。这是一个重大判断，是从党和国家事业发展的全局视野、从改革开放近40年历程和十八大以来5年取得的历史性成就和历史性变革的方位上所作出的科学判断。

“这是一个什么样的新时代啊？”

“别着急，我们从报告中选几句话来看看。你看这第一句——‘中

国特色社会主义进入新时代，我国社会主要矛盾已经转化为人民日益增长的美好生活需要和不平衡不充分的发展之间的矛盾’。”

马铮铮敏锐地发现了不同：“这可是一个大变化，人民日益增长的不仅仅是‘物质文化’的需要了。”

“铮铮，你想一想，我们的人民可能在哪些方面的需要增长了？”

“唔……”马铮铮挠了挠脑袋，灵机一动，“还有民主、法治、公平、正义、安全、环境这些方面！”

“不错，通过努力，我国稳定解决了十几亿人的温饱问题，总体上实现了小康，即将全面建成小康社会，人们对生活的需求更加广泛，不仅对物质文化生活有更高要求，还在你提到的这些方面有日益增长的要求。你还发现哪里有变化？”

“我们的社会生产力不再用‘落后’这个词来表述了。”

“是的，我国的生产力水平明显提高，社会生产能力在许多方面甚至进入世界前列，发展不平衡不充分成为‘满足人民日益增长的美好生活需要的主要制约因素’。现阶段国家主要矛盾的改变是新时代的一个重要标志。”

“爷爷，既然我们已经不谈‘落后’了，是不是可以算是迈进先进或者发达国家的行列了呢？”马铮铮想到这儿有点激动。

爷爷摆摆手，让马铮铮坐下，继续讲道：“报告里提出主要矛盾发生转变，但也提到了‘两个没有变’，就是：我国仍处于并将长期处于社会主义初级阶段的基本国情没有变，我国是世界最大发展中国家的国际地位没有变。这是对中国现实发展状况的务实且清醒的理性概括。虽然经过新中国成立以来特别是改革开放以来的不懈努力，我们国家取得了举世瞩目的发展成就，从生产力到生产关系、从经济基础到上层建筑都发生了意义深远的重大变化，但我国的科学技术水平等方面与发达国家相比还有差距，社会主义初级阶段还要经历相当长的时期。‘两个没有变’的判断，是对中国国情和中国与世界关系的科学定位。”

链 接

必须认识到，我国社会主要矛盾的变化，没有改变我们对我国社会主义所处历史阶段的判断，我国仍处于并将长期处于社会主义初级阶段的基本国情没有变，我国是世界最大发展中国家的国际地位没有变。全党要牢牢把握社会主义初级阶段这个基本国情，牢牢立足社会主义初级阶段这个最大实际，牢牢坚持党的基本路线这个党和国家的生命线、人民的幸福线。

——2017 年 10 月 18 日，习近平在中国共产党第十九次全国代表大会上的报告

马铮铮联想到历史课上学习过的内容，明白了爷爷说的话。新中国的经济建设曾因浮夸经历过重大挫折，遭受过重大损失。今天，当

人们为取得的成就感到欣喜时，习近平爷爷报告中的“两个没有变”是我们必须牢牢把握的基本国情和必须牢牢立足的最大实际。

爷爷看到马铮铮想明白了的表情，继续往下讲：“我们再来看看第二句——‘中华民族伟大复兴，绝不是轻轻松松、敲锣打鼓就能实现的’。”

“那当然！爷爷，您给我讲了那么多革命先辈和当代建设者的故事，我们国家的成就都是他们一步一个脚印奋斗出来的啊！”

爷爷欣慰地看着马铮铮，说：“不错，看来平时爷爷跟你说的你都记在心里。过去所取得的成就让我们自豪，然而站在新的历史方位上，我们党也面临着新的历史使命，也就是带领中华民族实现伟大复兴，这不是一件容易的事。”

“可是爷爷，我们都已经取得了那么大的成就了，各项事业都已经步入了正轨，伟大复兴是迟早的事啊！”马铮铮有些不解。

爷爷耐心地向马铮铮解释：“改革开放的确是为国家的发展开了一个好头，可未来的路还长着呢！从当前国内的发展情况来看，我们还面临着许多严峻的形势，比如教育、医疗、房价等民生问题，还需要进一步解决，技术创新、环境保护等方面还存在短板，民主、法治等建设任重而道远。我们把目光投向世界，当前的国际局势又是怎样的呢？”

“当今世界是一个开放、发展、紧密联系的世界，国家间开放程度不断加深。但各国之间的力量对比、利益关系不断改变，各种矛盾相互交织，各种冲突事件不断发生，世界面临的不稳定性、不确定性还是很突出的。这些在课上老师都给我们讲过！”

“那说明你上课还是很认真听讲的哦！我们现在面临的环境前所未有的复杂，所以，总书记在报告中再次强调了伟大斗争、伟大工程、伟大事业、伟大梦想这‘四个伟大’，要积极应对国内外各种风险和考验，创造新时代中国特色社会主义新辉煌。你再接着往下看总书记的报告：‘世界每时每刻都在发生变化，中国也每时每刻都在发生变化，我们必须在理论上跟上时代。’

“我们常说，理论指导实践，新时代呼唤新思想，需要新思想。我们国家人民生活水平不断提升、综合国力不断增强，都得益于正确的理论指导。我们的党是一个高度重视理论创新的政党，每一次的理论创新都极大地推进了社会的发展。铮铮，你知道我们党在不同时期都实现了哪些理论创新吗？”

“我大概知道，共产党最先把马克思列宁主义确立为自己的指导思想；到民主革命时期和社会主义建设初期，形成了毛泽东思想；改革开放以后，又逐步形成了邓小平理论、‘三个代表’重要思想和科学发展观。这些内容构成了中国特色社会主义理论体系。”马铮铮一边回忆着老师在课上讲的内容，一边说。

“现在，我们进入了新时代，当然需要新的思想。十九大报告中提到的‘跟上时代’的理论就是习近平新时代中国特色社会主义思想，这是对上述一系列理论的继承和发展，是马克思主义中国化的最新成果。它将成为中国特色社会主义理论体系的重要组成部分，也是我们为实现中华民族伟大复兴而奋斗的行动指南。”

“嗯！我相信在这一新思想的指导下，我们的国家一定会有更好、更快的发展！”

“这会是一个成长成才、成就事业、不容辜负的好时代，铮铮，你要加倍努力啊！”

马铮铮昂起头拍拍胸脯，大声说道：“爷爷您放心，我一定会踏实努力，增强本领，肩负起接续奋斗的光荣使命！”

9

共产党人的初心与中华民族伟大复兴的中国梦

——以黄文秀姐姐为榜样，谱写新时代的青春之歌

周末，下乡参加扶贫工作的妈妈回来了。因为妈妈长期驻村，全家人一周就只有两次能坐在一起吃饭。这天吃完饭，马铮铮照例缠着妈妈给他讲扶贫工作中的故事。妈妈坐在马铮铮的身边，对他说："铮铮，今天妈妈想给你讲一个人。"

"好呀！"马铮铮满怀期待地看着妈妈。

妈妈动情地讲起了"时代楷模"黄文秀的故事："她叫黄文秀，和妈妈一样是一名扶贫干部，2016年北京师范大学硕士研究生毕业后，回到家乡百色工作。2018年3月，她又积极响应组织号召，到乐业县新化镇百坭村担任驻村第一书记。她的生命永远定格在了30岁。"

"妈妈，黄文秀姐姐从北京师范大学毕业，还是研究生，怎么不留在大城市工作呢？"

"是呀，很多人都这么想。黄文秀却说：很多人从农村走了出去就不想再回去了，但总是要有人回来的，我就是要回来的人。百坭村贫困户黄仕京也问过她：大家都说你是北京毕业的研究生，你为什么到我们这么边远的农村工作？黄文秀的回答朴实而又坚定：百色是脱

贫攻坚战的主战场，我有什么理由不来呢？我们党是切实为群众谋发展谋幸福的党，我是一名共产党员，这就是我的使命。”妈妈讲到这儿，眼角有些湿润，“就这样，她来到了百坭村。石山林立的百坭村是深度贫困村，全村 472 户中有 195 户贫困户，11 个自然屯很分散，最远的屯距村部 13 千米。初到村里，黄文秀就碰了钉子。村民们看她是个女孩子，又是大学生，开口就是普通话，背地里议论纷纷，认为她就是来农村‘镀金’的。”

“那她是不是很委屈？”

“打不开工作局面，黄文秀也会偷偷哭鼻子。但为了尽快和村民

打成一片，她就去请教有驻村经验的同事和村里的老支书，悟出了道理。很快，她改变了工作方法，到贫困户家不再拿着本子问东问西，而是脱下外套、挽起袖子帮助农户扫院子、干农活；贫困户不在家，她就去田里，帮他们摘砂糖橘、种油茶，一边干活一边唠家常；她不说普通话了，学着说方言……”

“妈妈，黄文秀姐姐为了做好工作真是付出了不少努力。她这认真执着的劲儿值得我学习！”马铮铮开始有点儿敬佩妈妈口中的这名第一书记了。

“黄文秀的努力还远不止这些。扶贫之路充满艰辛，她白天走村串户遍访贫困户，分析致贫原因，晚上与村党支部和村委会研究脱贫对策，制订工作方案全力推进脱贫工作。夜深了，她一个人孤零零住在村部一间不足 10 平方米的小屋子里。她周末经常不回家，而是走访全村所有的贫困户。她还绘制了村里的贫困户分布图，把每一户的住址、家庭情况、致贫原因等，都一一标注在笔记本中。”

“这些工作好辛苦啊，她能这样坚持下来实在是令人敬佩！”

“是的，在这一点上，妈妈做得还远不如她。她刚到百坭村时，村里的贫困发生率是 22.88%，她走的时候降到了 2.71%，可见她带领着村民们付出了多少努力。”

“这回村民们该接纳她了吧？”

“不仅接纳了她，还把她当成了亲人。据 53 岁的贫困户韦乃情说，黄文秀往他家里跑了 12 次，细心了解他的实际困难，分析他的贫困原因，跟他商量对策，并且帮他申请扶贫贴息贷款种植了约 1.3 公顷油茶树。2018年，他顺利实现了脱贫。他说黄文秀一心一意帮他，就像他的女儿一样！”

链 接

百坭村有5个屯交通困难，虽然多年前通了砂石路，但连年雨水冲刷，路面已破损不堪，雨季陡峭路段连摩托车都无法通过，不仅影响出行，而且制约产业发展。黄文秀心急如焚。村干部记得，那段时间她带着村支部和村委会班子熬夜做方案、想对策，到镇里、县里申请项目，再扎扎实实组织大家实施。为了解决山里产业短缺问题，黄文秀带领村干部和群众学经验、找路子，立足当地资源，大力发展杉木、砂糖橘、八角、枇杷种植等特色产业，请技术专家来指导，挨家挨户宣传发动，鼓励党员带头示范。

“妈妈，扶贫工作真是太不容易了，黄文秀姐姐的家人知道她那么辛苦地工作吗？”

“她的家人是知道的，她的父亲虽然很心疼女儿那么辛苦地工作，但他也是一位深明大义的人。他曾这样对黄文秀说，没有共产党，他们家不可能脱贫。黄文秀选择回到家乡工作，父亲很欣慰，常常叮嘱她入了党就要认真地为党工作，为群众办事，回到家乡做一个干干净净的人民公仆。黄文秀不幸牺牲后，她父亲面对前来慰问的干部，谢绝了慰问金，说不能给党和国家添麻烦，要把钱留给村里扶贫用。”

马铮铮听到这儿眼眶也湿润了：“妈妈，黄文秀姐姐和她的爸爸心里装着的都是别人。”

“黄文秀肯定也深深地爱着她的父母和亲人，但是作为第一书记，她惦记村里贫困群众的那颗心，却始终不能放下。2019 年 6 月的一个周末，黄文秀回家看望做完第二次肝癌手术的父亲，看着天气突变，她急着返回百坭村。病床上的父亲非常担心，对她说：‘天气预报说晚上有暴雨，现在开车回村里不安全，明早再回吧。’而黄文秀心里惦记着百坭村，她跟父亲说：‘正因为有暴雨更得赶回去，我怕村里受灾，马上得走了。’面对父亲的挽留，黄文秀叮嘱了一句‘按时吃药’，便启程回村。谁也没想到，这竟成了黄文秀留给父亲的最后一句话。当天晚上，黄文秀在驾车返回乐业的途中遭遇山洪，不幸遇难。村里还没有完成的脱贫工作和家里仍卧在病榻上的老人，成了黄文秀永远的遗憾。”

此时，马铮铮已经流下了两行热泪。一直在一旁默默聆听的爷爷也激动地感慨：“这是党的好女儿，是胸怀家国、心系群众的好干部啊！”

妈妈平复了一下心情，继续讲道：“习总书记鼓励广大党员干部和青年同志要以黄文秀同志为榜样，不忘初心、牢记使命，勇于担当、甘于奉献，在新时代的长征路上做出新的更大贡献。铮铮，妈妈今天给你讲黄文秀的事迹，就是希望你明白，我们党为人民谋幸福，为民族谋复兴，付出了许多艰苦卓绝的努力，千千万万像黄文秀这样的党员冲锋在前，奉献了自己的青春，甚至生命。这就是共产党人的初心和使命。铮铮，你明白吗？”

链接

黄文秀同志研究生毕业后，放弃大城市的工作机会，毅然回到家乡，在脱贫攻坚第一线倾情投入、奉献自我，用美好青春诠释了共产党人的初心使命，谱写了新时代的青春之歌。

——2019 年 6 月 26 日，习近平对黄文秀同志先进事迹的评价

马铮铮若有所思地点点头。

“妈妈现在在扶贫工作的一线，虽然辛苦，偶尔也会抱怨，但黄文秀这样的榜样，也激励妈妈为党和人民的事业勇于担当作为。而妈妈希望你向黄文秀姐姐学习的，是她崇高的信仰、远大的目标、坚定前行的方向，是她永怀初心的赤子之情、勇于担当的品格、甘于奉献勇于实干的精神。”

“我明白了，妈妈，虽然现在我还是个中学生，但是我加入了共青团，要承担起属于青年学生的历史使命。我会努力学习、勤于实践、不懈奋斗，用自己的实际行动，为祖国的发展贡献一份青春力量！”

10

立志成为德智体美劳全面发展的社会主义建设者和接班人

——向英雄模范致敬

今天上道德与法治课，刘老师给大家打开了电视，原来，中央电视台综合频道正直播在人民大会堂金色大厅隆重举行的中华人民共和国国家勋章和国家荣誉称号颁授仪式。刘老师简单介绍了这个颁授仪式，并给大家布置了任务——课后去了解“共和国勋章”获得者的事迹。

马铮铮放学回到家，刚想跟爷爷聊一聊今天的颁授仪式，爷爷就招呼他：“铮铮，我们来看一看今天国家一个重要仪式的重播。”

马铮铮乐了，坐下来和爷爷一起观看。这是共和国历史上首次举行国家勋章和国家荣誉称号的颁授仪式。于敏、申纪兰、孙家栋、李延年、张富清、袁隆平、黄旭华、屠呦呦获得“共和国勋章”。习近平总书记向他们颁授勋章奖章。马铮铮一边借爷爷的手机查询这几位“共和国勋章”获得者的资料，一边跟爷爷交流。

“于敏，我国著名核物理学家，长期领导并参加核武器的理论研究和设计，填补了我国原子核理论的空白，为氢弹突破做出卓越贡献。”

“申纪兰，是一位农村的党总支副书记，第一届至第十三届全国人大代表。她积极维护新中国妇女劳动权利，倡导并推动‘男女同工同酬’写入宪法。她勇于改革，大胆创新，为发展农业和农村集体经济，推动老区经济建设和老区人民脱贫攻坚做出巨大贡献。”

“孙家栋，中国科学院院士，我国人造卫星技术和深空探测技术的开创者之一，担任月球探测一期工程总设计师，为我国突破卫星基本技术、卫星返回技术、地球静止轨道卫星发射和定点技术、导航卫星组网技术和深空探测基本技术做出卓越贡献。”

“李延年，1945 年参加革命，先后参加解放战争、湘西剿匪、抗美援朝战争等战役战斗 20 多次，是为建立新中国、保卫新中国做出重大贡献的战斗英雄。”

“张富清，是个隐姓埋名的战斗英雄，他荣立特等功一次、一等功三次、二等功一次，荣获‘战斗英雄’称号两次，连儿女对他的赫赫战功都不知情。”

“袁隆平，‘中国杂交水稻之父’，他 50 多年来致力于杂交水稻技术的研究、应用与推广，发明‘三系法’籼型杂交水稻，成功研究出‘两系法’杂交水稻，创建了超级杂交稻技术体系，为我国粮食安全、农业科学发展和世界粮食供给做出杰出贡献。”

“黄旭华，‘中国核潜艇之父’，他隐姓埋名几十年，为我国核潜艇事业奉献了毕生精力。在某次深潜试验中，他置个人安危于不顾，作为总设计师亲自随产品深潜到极限。”

“屠呦呦，她 60 多年致力于中医药研究实践，带领团队攻坚克难，研究发现了青蒿素，解决了抗疟治疗失效难题，为中医药科技创新和人类健康事业做出巨大贡献，还获得了诺贝尔生理学或医学奖。”

马铮铮一边看着这几位前辈的介绍，一边发出由衷的赞叹声，他对爷爷说：“爷爷，他们可真了不起啊！”

爷爷点点头：“我们的国家能有今天的成就，这些前辈功不可没啊。他们很多人为了国家的事业，不计较个人得失，牺牲个人的利益，甚至献出生命。其实除了这些前辈之外，为共和国做出贡献的人还有很多很多。2019 年 9 月，国家就给 300 个个人和集体授予了‘最美奋斗者’称号。”

“最美奋斗者？”马铮铮好奇地问。

“是的，这300个‘最美奋斗者’称号的获得者，有个人，也有集体，他们是新中国成立70年来各个时期的先进分子、各行各业的杰出代表，有大家耳熟能详的企业家、科学家、学者，也有砥砺奋进的教师、工人、基层干部……他们当中，有人已经离我们而去，有人白发苍苍，有人风华正茂，他们忠诚于党，报效祖国，扎根基层，奉献人民，在各自岗位上取得了非凡业绩，赢得了人民广泛赞誉。另外，2018年国家举行的庆祝改革开放40周年纪念大会，表彰了100名‘改革先锋’称号获得者。除此之外，还有许多默默无闻的劳动者，奋斗在各行各业，为祖国的发展建设添砖加瓦。他们是真正称得上德才兼备的人。”

马铮铮听了，不由得点头，他想了一想，问爷爷：“德才兼备，就是我们说的‘三好学生’的‘三好’，德智体美劳全面发展吗？”

爷爷听了，看看马铮铮，微微一笑：“可以这么说吧。你知道吗？毛泽东同志就说过，‘我们的教育方针，应该使受教育者在德育、智育、体育几方面都得到发展，成为有社会主义觉悟的有文化的劳动者’。这应该就是德智体美劳全面发展的由来。在2018年的全国教育大会上，习总书记对教育工作者，也就是你们的老师，提出了要‘培养什么样的人’的要求，就是要把你们这些祖国的花朵，培养成‘德智体美劳全面发展的社会主义建设者和接班人’。”

马铮铮说：“这我知道，德，就是思想品德要好；智，就是学习要好；体，就是身体要好。我们刘老师说过，有一位教育家，叫斯霞，她有个著名的‘三品说’——‘智育不好是次品，体育不好是废品，德育不好是危险品。’”

爷爷赞许地点点头："没错，我给你好好说说。德，就是要修好品德，有大爱大德大情怀；智，就是要有丰富学识，能求真理、悟道理、明事理，在求学的过程中培养刚健有为、自强不息的精神；体，就是增强体质、健全人格、锤炼意志；美，就是要提高审美能力和人文素养；劳，就是要崇尚劳动、尊重劳动、辛勤劳动、创造性劳动。"

链接

要在坚定理想信念上下功夫，教育引导学生树立共产主义远大理想和中国特色社会主义共同理想，增强学生的中国特色社会主义道路自信、理论自信、制度自信、文化自信，立志肩负起民族复兴的时代重任。要在厚植爱国主义情怀上下功夫，让爱国主义精神在学生心中牢牢扎根，教育引导学生热爱和拥护中国共产党，立志听党话、跟党走，立志扎根人民、奉献国家。要在加强品德修养上下功夫，教育引导学生培育和践行社会主义核心价值观，踏踏实实修好品德，成为有大爱大德大情怀的人。要在增长知识见识上下功夫，教育引导学生珍惜学习时光，心无旁骛求知问学，增长见识，丰富学识，沿着求真理、悟道理、明事理的方向前进。要在培养奋斗精神上下功夫，教育引导学生树立高远志向，历练敢于担当、不懈奋斗的精神，具有勇于奋斗的精神状态、乐观向上的人生态度，做到刚健有为、自强不息。要在增强综合素质上下功夫，教育引导学生培养综合能力，培养创新思维。要树立健康第一的教育理念，开齐开足体育课，帮助学生在体育锻炼中享受乐趣、增强体质、健全人格、锤炼意志。要全面加强和改进学校美育，坚持以美育人、以文化人，提高学生审美和人文素养。要在学生中弘扬劳动精神，教育引导学生崇尚劳动、尊重劳动，懂得劳动最光荣、劳动最崇高、劳动最伟大、劳动最美丽的道理，长大后能够辛勤劳动、诚实劳动、创造性劳动。

——2018年9月10日，习近平在全国教育大会上的讲话

爷爷看了看马铮铮，继续说道："国家过去的成就离不开千千万万先烈、前辈的贡献，未来的发展更离不开千千万万劳动者的努力。祖国的建设需要大量的人才，所以国家重视教育，要努力把祖国花朵们培养好，那你作为大花园里的一个花骨朵，应该要怎么做呀？"

马铮铮思考了一下，说道："我们青少年，当然是要完成我们的首要任务——学习科学文化知识，完成我们的学习任务。除此之外，还应该去参加一些力所能及的社会活动，比如一些公益活动，去学习怎样承担社会责任，培养自己的社会责任感。"

爷爷笑着说："没错，完成学习任务，参加公益活动培养责任感，这些都应该做，这也是中学生最基本的任务。除此之外，你想一想，你们学习、读书是为了什么呢？有的人是为了考上一个好学校，有的人是为了将来找一个好工作，挣很多的钱，过上富裕的生活。这些愿望你怎么看？"

马铮铮想了想说："嗯，这些愿望还是很现实嘛……爷爷，我明白了，我们应该要给自己树立一个目标，不只是短期的学习目标，也不仅是个人的人生目标。如果把自己的奋斗方向和国家、社会的发展方向结合起来，可能我们的奋斗会更有价值，您说是吗？周恩来总理说要'为中华之崛起而读书'。我们现在努力学习，短期目标是为了取得一个好成绩，但是从长远的、结合国家需要的角度来说，我们更应该为了祖国未来的发展而努力，而我们现在做的都是在给未来打基础！"

爷爷说："是的，虽然你们只是中学生，但也要从小树立理想，不要把理想局限在个人的人生，而要把眼光放远，格局大一些，要把自己的理想和祖国的发展联系在一起。也许未来有一天，你会发现，你也为祖国的发展建设贡献了一份重要的力量。"

这时，电视上正播放着习近平总书记发表重要讲话。他强调："崇尚英雄才会产生英雄，争做英雄才能英雄辈出。……英雄模范们用行动再次证明，伟大出自平凡，平凡造就伟大。只要有坚定的理想信念、不懈的奋斗精神，脚踏实地地把每件平凡的事做好，一切平凡的人都可以获得不平凡的人生，一切平凡的工作都可以创造不平凡的成就。"

马铮铮看着电视，认真地说："对，我也要做德智体美劳全面发展的社会主义建设者和接班人。将来不管是从事什么行业，我都要努力创造不平凡的成就！我现在先扎扎实实地完成学习任务，周末可以跟同学去参加一些公益活动，多尝试多努力，将来我一定行！"

11

知识是成才的基石

——“小马列”上团课

转眼又到了每月的团课时间，马铮铮和李天泽在年级里是第一批入团积极分子，每次团课他们都带好笔记本，早早地坐在教室里等候。今天的团课正值五四青年节前夕，校团委书记苏老师组织入团积极分子们以“求真学问　练真本领”为主题，学习习总书记的重要讲话精神。校团委副书记陆芸发表了主题讲话。

链接

怎样才能成才？答案其实很明确。“人材之成出于学”。知识是每个人成才的基石，求真学问，练真本领，是社会发展对当代青少年的要求。这是2018年5月2日，习近平总书记在北京大学建校120周年师生座谈会上对青年学子的谆谆教导。习总书记强调：学习就必须求真学问，求真理、悟道理、明事理，不能满足于碎片化的信息、快餐化的知识。要通过学习知识，掌握事物发展规律，通晓天下道理，丰富学识，增长见识。

人类在不断进步，社会在不断发展，知识在不断更新，这一切都是通过不断的学习与探索而实现的。对于知识的作用和价值，古人就有“人有知学，则有力矣”的感慨，而近代也有“知识就是力量”的观点。当今科技飞速进步、社会变革不断深化，面对瞬息万变的世界，不断学习、时时学习、事事学习，才能不断充实自我、增长才干，使我们不轻易被时代淘汰。

在互联网高速发展的今天，数量庞大的知识通过各种各样的平台和途径得到传播，人们可以随时随地通过网络获取所需要的知识。但是，在互联网带来便利的同时，另一个问题也随之而来，就是信息的碎片化获取。我们乐于阅读 140 字的微博，喜欢看 15 秒的视频，沉浸于用手指快速滑动手机屏幕获取信息。如此简单的方式，使人们很容易养成坏习惯——满足于日常获取碎片化的信息、快餐化的知识，而超过 10 页的书籍，就没有耐心看完，用时超过半个小时就不太坐得住。越是如此，我们就越应该意识到，当代的青年学生，绝不能只满足于获取知识的碎片。中学时代是一个夯实文化基础的重要时期，我们要在系统学习中全面掌握事物的发展规律。成功不可能一蹴而就，也非朝夕可得，只有坚持十年如一日的勤勉，才有可能博观而约取，厚积而薄发。

我们为什么要学习？为什么要求真？因为只有获得真学问、真本领，把握世界规律，才能认识世界、改造世界，才能在实现中华民族伟大复兴的中国梦中贡献自己的力量。作为共青团的一员，我将提出几点要求，与在座各位入团积极分子共勉。

一是要端正学习态度。我们在校学习的时间在我们的整个生命历程中十分短暂，因而更显宝贵。面对丰富的科学知识、老师的谆谆教诲，我们是否抓住了每一次学习的机会，静下心来对所学的知识进行深入的探索呢？我们想要求得真学问，练就真本领，就一定要端正学习态度，把握学习机会，扎扎实实地投入到每天的学习中去。

二是要勇于追求真理。郭沫若先生曾经说过："我们只愿在真理的圣坛之前低头，不愿在一切物质的权威之前拜倒。"追求真学问就是追求真理，青年马克思就是求真学问的典范。他在极其困难的情况下写出了《共产党宣言》，创立了马克思主义，指明了人类文明发展的方向。如果我们失去了追求真理的动力和定力，就难以真正求得真学问，也无法练就真本领。

三是要积极投身实践。实践是检验真理的唯一标准。古人有云："纸上得来终觉浅，绝知此事要躬行。"习近平总书记强调：人的潜力是无限的，只有在不断学习、不断实践中才能充分发掘出来。我们所学的东西不能只停留在书本上、学校里，更要走进生活，走向社会，练就真本领，解决真问题。

学习使人更快乐、更有气质、更有素养、更加自信。多一点知识、多一种本领、多一项能力，就会使你多一种有尊严的生活方式。在寻求真理的长征中，唯有学习，不断地学习、勤奋地学习、有创造性地学习，才能越重山，跨峻岭，才能到达理想与光明的彼岸。

同学们，我们正处在生命的春天，站在梦想的起点，让我们把握住时机，与时俱进，播下希望的种子，努力学习、积累知识，做求真学问、练真本领的青少年！

陆芸副书记的一番讲话说到了同学们的心里，给大家带来了很大触动，也赢得了热烈的掌声。

入团积极分子们都迫不及待地想分享自己的感受。马铮铮抢先说道：“习总书记说，知识是每个人成才的基石，在学习阶段一定要把基石打深、打牢。作为新时代的学生，学习是我们的主要任务，我会以高标准、严要求对待自己的日常学习与生活，刻苦钻研、潜心实践、知行合一，力争求真学问，练真本领，让青春在奋斗中闪光！”

李天泽站起来，紧接着说：“我们是新时代的新青年，要真正用知识和技能来充实自己，成为合格的、优秀的社会主义接班人。”

“作为一名入团积极分子，我一定带头刻苦努力，不懈奋斗，练就真本事，不辜负习总书记对我们的期望。”刘欣坚定地说。

……

在座的入团积极分子们都踊跃地加入分享讨论中，苏老师看到这一幕也非常激动：“同学们，在经济高度全球化的今天，学习必须要坚持求真务实，要求真学问、练真本领，解放思想、实事求是、与时俱进，这是时代对我们每一个人的要求。希望同学们能把求真学问作为一种个人的追求和爱好，做到勤学、好学、乐学，把自我奋斗的小目标融入建设祖国、实现中华民族伟大复兴的大志向中，与国同心，与国同行，与时代同向，与改革共振，真正做新时代的奋进者、开拓者、奉献者！”

12

成为有理想、有学问、有才干的实干家

——向“90后”袁隆平爷爷学习

一大早，马铮铮洗漱完毕准备吃早餐，看到爷爷一边看着报纸，一边发出啧啧的感叹声。爷爷这是在看什么呢？他好奇凑过去一看：“这不光是全国第一，还是全球之冠。”

“哇，爷爷，这是什么？全球之冠？”

链接

2019年10月9日，广西桂林市灌阳县小龙村设立的袁隆平院士工作站成立了。刚刚获得“共和国勋章”的袁隆平院士亲临现场揭牌，他将在这里继续追求他的水稻高产梦，让杂交水稻造福世界。

爷爷问马铮铮：“你还记得袁隆平是谁吗？”

马铮铮回答说：“当然记得了！他不就是我们中国的‘杂交水稻

之父’嘛。他还在沙漠里种出了水稻呢，太了不起了！”

爷爷微笑着点头说道：“是啊，袁老当年在试验田发现了那株特别的水稻之后，进行了很多研究，此后也做了非常多的工作。稻子成熟的时候，他带领团队成员们一株一株地检查稻穗，检查上万株才能找出几株符合要求的水稻，光是这一项工作就很辛苦了。”

马铮铮睁大了眼睛：“啊？上万株，一株一株地找啊，那岂不是要找很久！”

爷爷点点头，仿佛在回忆：“是啊。那是20世纪60年代的事了。那时粮食紧缺，很多人吃不饱，甚至还有人饿死。袁老当时虽然只是一个农校的教师，可是他立志用农业科学技术让人们免受饥饿威胁。他真的做到了。现在，不只是中国，世界上很多国家也种上了杂交水稻，尤其是在一些非洲国家，杂交水稻让非洲人民不再为吃饱发愁了。你知道吗，有个国家叫利比里亚，过去他们那儿以玉米和木薯为主食，完全没有大米，要吃大米都要从外国进口，经济负担非常重。现在他们终于也可以吃上自己国家种植的大米了。你看看，袁老是不是做了大贡献呀？”

马铮铮也点点头：“是啊，真了不起。老师也说，一个人要立大志，有大梦想，才有可能取得大成就。”

爷爷微笑着说：“你知不知道袁老提过两个梦想？”

马铮铮挠头，说：“两个？有一个是不是让全世界都吃上我们中国研究出来的杂交水稻？”

爷爷哈哈一笑，说：“差不多。袁老曾经说过他有两个梦想，第一个梦想就是禾下乘凉梦，他梦见他们试验田里的超级稻长得比高粱还要高，穗子有扫帚那么大，谷粒有花生米那么大，他和助手们坐在稻穗下乘凉。”

马铮铮“哇”的一声，睁大了眼睛，从沙发上站起来，用手比画了一下高度：“这么高！水稻有可能长这么高吗？”爷爷笑了，说：“未来说不定还真能长这么高。虽然现在水稻没这么高，但是产量是越来越高了。我们国家现在搞超级稻，原来目标是亩（约667平方米）

产 700 千克，我们在 2000 年实现了；然后目标是亩产 1000 千克，这是在 2014 年实现的；现在我们在向亩产 1200 千克冲刺。”

爷爷看到马铮铮听了这些数字有点迷糊的样子，便解释了一下：“这个亩产 1200 千克是什么概念呢？按一般家庭一家三口来算，假设一日三餐都在家里吃饭，一个月大概要吃 25 千克大米，一年大概吃掉 300 千克大米，1200 千克，就是四个家庭一整年的大米食用量了。”

马铮铮恍然大悟，连连点头。爷爷接着说：“袁老的第二个梦想是杂交水稻覆盖全球梦。现在全球有 22 亿多亩稻田，如果世界上有一半稻田都种上了杂交稻，所增产的粮食，按平均每公顷增产两吨计算，可以多养活 4 亿至 5 亿人口。”

一连串的数字听得马铮铮有点懵，但是最后的“多养活 4 亿至 5 亿人口”他听懂了，他若有所思地点点头，说：“民以食为天啊！爷爷，把这个技术推广到全世界真的太重要了。”

爷爷点点头说：“是的，袁老的杂交水稻技术，不但造福了我们中国，还造福了世界。他不但是我们‘中国的杂交水稻之父’，也是公认的‘世界杂交水稻之父’呀。你知道吗，袁老是我国首届国家最高科学技术奖的获得者，在太空里，有一颗小行星还被命名为‘袁隆平星’呢。”

马铮铮很喜欢天文知识，一听到这个立马来劲了：“那我以后是不是做出了大事业，也可以用我的名字来命名一颗小行星？”

爷爷爽朗一笑：“可以的，你要加油！光有梦想还不行，还要努力去实现它！昨天晚上新闻里提到‘实干兴邦’，你知道这是什么意思吗？”

马铮铮说：“大概是要干实事才能振兴国家的意思。”

爷爷点点头，说：“我国的各项事业都少不了有理想、有学问、有才干的实干家，脚踏实地干事的人。每一项事业，不论大小，都是靠脚踏实地、一点一滴干出来的。做人做事，最怕的就是只说不做，眼高手低。不论学习还是工作，都要面向实际、深入实践，实践出真知；都要严谨务实，一分耕耘一分收获，苦干实干。你看看中华人民共和国国家勋章和国家荣誉颁授仪式上的那些老一辈们，都是国家发展的功臣啊！除了袁老，还有发现了青蒿素的屠呦呦、隐姓埋名几十年的张富清、一直扎根农村的申纪兰……”

“我知道，还有探月工程总设计师孙家栋、‘中国氢弹之父’于敏、‘中国核潜艇之父’黄旭华。”马铮铮接着爷爷的话说道。爷爷点点头说：“对，他们都为祖国的发展做出了巨大的贡献，他们，还有许许多多为祖国奋斗的人，都是踏踏实实干实事的人。你瞧，袁老今年已经90岁了，他笑称自己是‘90后’，他并没有停下来，而是还在研究水稻，还在为他的梦想努力。‘实干兴邦’不是一句口号，我们的成绩都是实打实地干出来的。”

马铮铮赶紧接过话说：“对对，我记得习爷爷说，社会主义是干出来的。他还说，我们学到的东西，不能停留在书本上，不能只装在脑袋里，而应该落实到行动上，做到知行合一。”

爷爷笑眯眯看着马铮铮说：“没错没错，你还是个学生，要有梦想，还要学书本知识，也要学着把书本知识运用到行动中来，这才是‘有理想、有学问、有实干精神’的表现呢！”

这时，妈妈从厨房里端着一锅粥走出来，说道：“爸，您爷儿俩来吃早餐吧。铮铮，赶紧吃这‘杂交水稻之父’研究出来的大米，吃完赶紧去干实事，上学去！”

马铮铮笑嘻嘻地拉着爷爷到餐桌前坐下，一边喝着粥，一边想：我也要向袁隆平爷爷学习，希望将来有一天，我能看到我们真的种出像高粱那么高的水稻，种遍全世界。我要好好学习，长大后做出成绩，说不定，将来太空里也能有一颗以我的名字来命名的小行星！

·13·

法治兴则国家兴，法治强则国家强

——光荣的法治宣传员

12 月 4 日是“全国法制宣传日”，也是“国家宪法日”。在这一天到来前，马铮铮所在的学校与市中级人民法院要联合开展一个“百人宣传法治知识”活动，需要从每个班里挑选几名同学加入“青少年法治宣传小分队”。

当刘老师把这个消息告诉大家时，班里的同学都兴奋起来。

大家还记得去年这个时候法院的王阿姨来班上宣传时的样子。王阿姨身着法官工作制服，时而面带微笑，时而严肃庄重，用一个个生动的小故事给大家宣传了法律知识，大家听得可入迷了，不知不觉中就了解了很多生活中应该注意的法律问题。马铮铮觉得她真是太“酷”了！所以他一听说今年有法治宣传活动，立马报名参加。

经过挑选，马铮铮和李天泽被选上了。他俩可激动了。上岗前，是要进行培训的哦！到了星期六，两人一起来到了市中级人民法院，与准备参加活动的同学一起接受培训。

走进法院，马铮铮一眼就看到了宣传墙，墙上有法律知识、新中国法治发展历程、法院工作纪要等内容，马铮铮便和李天泽一幅一幅看过去。

链接

新中国成立初期，我们党在废除旧法统的同时，积极运用新民主主义革命时期根据地法制建设的成功经验，抓紧建设社会主义法治，初步奠定了社会主义法治的基础。后来，社会主义法治建设走过一段弯路，付出了沉重代价。

改革开放后，法治建设得到高度重视。党的十五大把依法治国确定为党领导人民治理国家的基本方略，积极推进社会主义法治建设。到了2014年，党的十八届四中全会对中国法治建设作出新的战略部署，绘就了中国法治新蓝图，依法治国取得重大成就。

从党的十八大召开到十九大召开这5年间，我国共制定或修改法律48部、行政法规42部、地方性法规2926部、规章3162部，同时通过“一揽子”方式先后修订法律57部、行政法规130部，启动了民法典编纂、颁布了民法总则。中国特色社会主义法律体系日益完备。

我国还通过出台各类法规，加强依法执政、依法行政。同时，进行司法改革，推进司法公正，纠正冤假错案，使司法质量、效率和公信力大幅提升，人民群众对公平正义的获得感明显增强。全民普法工作不断提挡加速，设立了国家宪法日，宪法宣誓制度普遍实施。更加重视社会矛盾纠纷的调解化解，多元化纠纷解决体系日益健全。完善守法诚信褒奖机制和违法失信行为惩戒机制，社会诚信建设显著加强。领导干部带头尊法学法守法用法，运用法治思维和法治方式的能力和水平明显提高。社会主义法治权威逐步树立，尊法守法成为全体人民的共同追求和自觉行动。

马铮铮一路看下来，心想，我们国家可真了不起，有了强大的法治，我们生活的环境才会更安全、更让人放心。

宣传墙的尽头就是培训学员的会议室。“青少年法治宣传小分队”的成员有20名，都是从各个中学挑选出来的学生。给这个小分队培训的，正是给大家介绍过法律知识的王阿姨。马铮铮和李天泽见到她，倍感亲切。

王阿姨微笑着对大家说：“欢迎各位小宣传员来到我们法院。今天，让我们学习了解一些基础的法律知识，以便大家做好法治知识宣传工作，完成宣传员的使命。”

大家怀着激动和兴奋的心情，认真地听王阿姨介绍。

王阿姨告诉大家：“法治，就是用法律来治理国家。”说到这里，她卖了个关子，问道：“我们人类社会，是不是一开始就是法治社会呢？”

马铮铮站起来回答：“不是的，人类社会最初并不是法治社会，而是人治社会。人类进入农耕文明时代，要解决一些矛盾问题，主要是通过武力。国家产生后，国家的统治者才逐渐发明以法制来治理国家的形式，但是那时一个国家的治理，有法治，也有人治。一个人治之下的国家，会产生各种问题，最主要的是当发生矛盾纷争时，会有许多不公正不公平的裁决出现。究竟是人治好，还是法治好，人们争论不休。再后来，才有了更高级的国家治理形式，也就是法治。”

王阿姨点点头，说：“法治是人类社会进入现代文明的重要标志。一个国家能够真正做到法治，才能为人们提供良好的生活秩序，保障人们在社会各个领域依法享有广泛的权利和自由，使人们安全、有尊严地生活，社会也因法治而进步。

“刚才大家从大门进来，一路上都是我们的宣传栏，我看到很多同学很认真地去阅读了我国法治发展的历程。习总书记在中共十八届四中全会第二次全体会议上说：‘历史是最好的老师。经验和教训使我们党深刻认识到，法治是治国理政不可或缺的重要手段。法治兴则国家兴，法治衰则国家乱。什么时候重视法治、法治昌明，什么时候就国泰民安；什么时候忽视法治、法治松弛，什么时候就国乱民怨。法律是什么？最形象的说法就是准绳。用法律的准绳去衡量、规范、引导社会生活，这就是法治。’所以说，法治，是一个国家发展的必备条件。”

王阿姨看了看大家，接着说：“一个国家，要真正实现法治，要有良法，还要善治，也就是良好的治理。良法，就是真正好的法律，就是能捍卫人们的权利和自由，防止暴政、制裁犯罪、维护正义的法律。不是所有的法律都是良法，与之相对应的是恶法。恶法就是维护独裁专制、维护暴政、侵害人权、肆意剥夺人们的自由、损害正义的法律。要使法律成为良法，制定法律的人，必须由人民公正地选举产生，这样立法者才能随时倾听人民的呼声和愿望，使法律真正反映人民的意志。我国的人民代表大会制度就很好地践行了这个要求。立法的过程要体现科学和民主，要听取群众的声音，要最大限度地反映人民的意志。

“2020 年 5 月 28 日，十三届全国人大三次会议表决通过了《中华人民共和国民法典》。民法典被称为‘社会生活的百科全书’，是新中国成立以来第一部以法典命名的法律，将于 2021 年 1 月 1 日起施行。这样一来，我国即将进入‘法典时代’。”

链接

民法典涵盖的范围非常广。不管是大到对公民人身权、财产权、人格权的保护，还是小到高空抛物、“套路贷”“校园贷”“高利贷”、霸座、手机APP收集信息、孩子给游戏大额充值、小区电梯广告收益等等问题，草案均有直接回应。

王阿姨看着同学们听得很认真的样子，继续说道：“民法典的产生，经历了很长时间的考证、修改、讨论。从2014年10月，十八届四中全会提出完善社会主义市场经济法律体系，编纂民法典，到2020年5月，提请十三届全国人大三次会议审议《中华人民共和国民法典（草案）》，民法典的编纂工作持续了5年多。

“我们每个人的一生，都和法律密不可分。国家全面推进依法治国的‘新十六字方针’中提出，要坚持‘科学立法、严格执法、公正司法、全民守法’。一个法治国家，立法、执法、司法、守法，每一项都不可或缺，每一环都非常重要，缺少了就无法实现真正的善治。

“当前，青少年主要要做的，就是学法、守法、用法。党和国家现在也很重视对青少年的法治教育。党的十八届四中全会提出，把法治教育纳入国民教育体系。教育部、司法部、全国普法办联合印发《青少年法治教育大纲》，将法治教育融入学校教育的各个阶段。在座的同学都是初中生，在学校的道德与法治课上，也学习了一些基本的法律知识吧？”

马铮铮马上回答："我国为了保护未成年人制定了两部专门法律，一部是《中华人民共和国未成年人保护法》，另一部是《中华人民共和国预防未成年人犯罪法》。"

另一名同学接着说："我们还学习了一些公民的基本权利和义务，比如我们有受教育的权利和义务，我们还享有姓名权、名誉权、肖像权、隐私权，还有知识产权！"

其他同学听了，也七嘴八舌地接话，把他们记得的法律知识都说了一遍。王阿姨微笑着听完大家发言，然后说："大家不愧是各个班挑出来的精英，都很不错。作为小小法治宣传员，你们要做的就是把自己知道的这些，向更多的人传播，让更多的人了解法律知识，帮助大家养成'自觉守法、遇事找法、解决问题靠法'的思维习惯和行为模式。好，下面我们就把法律知识分分类，按类别学习之后，再分小组合作进行模拟宣传。"

王阿姨说完，在 PPT 上打出了三个大类：家庭、学校、社会。她根据青少年生活学习的场景，设置了很多情境，结合法律知识进行讲解。同学们都听得津津有味。模拟宣传环节，马铮铮和刘晓涛一组，一人做宣传员，一人当"群众"。大家看得认真、听得认真、做得认真。

王阿姨说："习总书记说过，'国无常强，无常弱。奉法者强则国强，奉法者弱则国弱'。你们是新时代的少年，虽然只是中学生，但是完全可以去帮助更多的人了解法律，为我国全面推进依法治国出一份力量！"

同学们听了王阿姨的话，胸中油然而生一股责任感，合作练习得更加认真了。

14

中华民族一家亲

——班级民族团结摄影展

又是新的一天，马铮铮一早来到学校，心情似乎特别好。小莉好奇地问马铮铮是不是有什么好事，马铮铮说:“又要到‘三月三’了，又要放假啦，心情能不好吗？”

原来，一年一度的“壮族三月三”就要到了，广西壮族自治区内全体公民放假2天，经过调休后，共有4天小长假！今天早上，爸爸妈妈告诉马铮铮，他们打算带马铮铮去贵州旅游，领略千户苗寨的风情。

“怪不得你这么高兴。我妈妈昨天也跟我说，假期要带我去敦煌，看一看莫高窟的壁画，想一想就很期待呢！”小莉也兴奋地说。

他们正说着，同学们也围上来，七嘴八舌地说着自己的出游计划。马铮铮忽然想到一个点子，小长假期间，有那么多同学外出，大家到了不同的少数民族地区，能不能将富有特色的景物拍下来，回来办一期板报互相分享呢？他和同学们一商量，大家意见一致，一拍即合。

时间过得可快了，转眼就放假了，同学们有的随父母去外地游玩，有的在本地游玩，还有的同学不便出行，就主动在家查找资料。假期结束后，大家兴奋地聚在一起说着自己的见闻，齐心协力把自己拍摄到的、查找到的照片和资料做成了一期民族风情摄影展板报。

上课铃响了，这天的道德与法治课正好是“促进民族团结”这一内容。刘老师一开始就给大家提出了一个问题：大家都了解哪些关于我国少数民族的知识？

马铮铮和同学们轮流站起来回答。

链接

我国有56个民族，其中有55个少数民族。有5个少数民族自治区——内蒙古自治区、新疆维吾尔自治区、广西壮族自治区、宁夏回族自治区和西藏自治区。除此之外，一些省份，比如青海、甘肃、云南、贵州、四川，也有许多少数民族聚居。我们广西壮族自治区有12个世居民族，即壮族、汉族、瑶族、苗族、侗族、仫佬族、毛南族、回族、京族、彝族、水族、仡佬族。

刘老师："嗯，真不错，我们作为少数民族地区的学生，应该对自己的生活成长环境、对自己的家乡有所了解。老师再了解一下，你们去过哪些少数民族地区？有什么难忘的经历？或是看到了什么具有少数民族特色的东西？我刚刚看到大家制作了一期少数民族地区风情摄影展板报，不如同学们来介绍介绍。"

小天说："我的家乡在三江侗寨，那个地方山清水秀，空气清新，有很多木楼依山临水而建，这种木楼叫干栏，我每次住这样的房子，都觉得很新奇。"

小涛说："这次假期我和爸爸妈妈去了东兴海边的亲戚家，当地人以打鱼为生，喜欢穿很特别的长衫，他们是京族人。"

马铮铮说："我和爸爸妈妈去了贵州千户苗寨旅游。那里的苗族原始生态文化保存完整，10 多个依山而建的自然村寨相连成片，是目前中国乃至全世界最大的苗族聚居村寨。那里的建筑除了干栏，还有风雨桥。当地人还很喜欢歌舞。据说要了解苗族的人文风情，就要观赏苗族人自己表演的歌舞。最特别的是苗族古歌演唱，演唱者全是寨中的老人。遇到重要活动，还能够看到铜鼓舞，欣赏高排芦笙演奏呢！”

刘老师欣慰地说：“同学们都说得很好。我国是一个统一的多民族国家，56 个民族宛如璀璨的明珠，组成了一个其乐融融的中华民族大家庭，点缀着祖国的壮丽山河。在漫长的历史进程中，各族人民共同创造中华文化，捍卫祖国尊严，推动历史进步，在交往交流交融中，逐渐形成世界上人口最多、文字基本统一、观念基本相同的中华民族共同体，最终形成你中有我、我中有你、谁也离不开谁的大格局。

“我国各民族在数千年的迁徙、贸易、婚嫁等交往中，孕育了团结友爱的宝贵传统。特别是近代以来，国家积贫积弱，饱受欺凌的中国人民没有屈服，而是挺起脊梁奋起抗争，以百折不挠的精神，打败了侵略者，赢得了民族独立。

“1900 年，回族爱国将领马福禄率领以家乡回族子弟为主组成的骑兵，在北京正阳门与八国联军激战，百余名回族、东乡族、保安族等民族官兵为国捐躯。1904 年，西藏人民在江孜保卫战中浴血奋战，英勇抗击英国侵略者……有太多太多这样的事例了。”

马铮铮听着刘老师的介绍，思考了一会儿，问道：“老师，我跟随爸爸妈妈去过一些民族地区，我发现，好像很多民族地区都比较落后，但是我又听说，国家采取了一系列举措帮助民族地区发展。”

刘老师笑着说："是的。在旧中国，由于各种社会历史原因，少数民族的经济和社会发展长期停滞落后。直到新中国成立前，一些民族甚至还保留着原始公社制残余，或者还沿袭着封建社会的生活方式和治理方式。新中国成立后，党和国家根据少数民族广大群众的共同愿望，从少数民族群众的根本利益出发，先后在少数民族地区进行了民主改革和社会主义改造，解决了少数民族内部的阶级压迫、阶级剥削问题，确立了社会主义制度。许多发展程度低的少数民族，也实现了社会发展的巨大飞跃。

"党和国家在少数民族聚居的地方实行民族区域自治制度，带领各族人民团结奋斗，形成了平等、团结、互助、和谐的社会主义新型民族关系，少数民族地区的经济建设、社会发展取得了举世瞩目的成就，经济社会面貌发生了翻天覆地的变化。从前，少数民族地区以落后的农业、畜牧业为主，现在，这些地方农业、畜牧业环境已经得到大大的改善，大批现代化工业企业在少数民族地区建成投产，当地的经济、交通、教育等都越来越好，大多数群众基本解决了温饱问题，迈向小康。"

同学们听得很认真。马铮铮想了想，问道："老师，那这些少数民族地区是怎样发展起来的？"

刘老师说："我国在处理民族问题上坚持民族平等、民族团结、各民族共同繁荣的基本原则。首先在民族平等这个方面，国家强调，各民族都是社会主义大家庭中平等的一员，具有同等的社会地位；在国家和社会生活各领域享有平等的权利，承担相同的法定义务。我国各民族始终同呼吸、共命运、心连心，克服困难，直面挑战，追求共同发展、共同富裕、共同繁荣。各民族旗帜鲜明地反对分裂，坚定不移地维护祖国统一和民族团结。

“新中国成立以来，党和国家大力支持民族地区的经济和社会发展。特别是改革开放以来，加大对欠发达民族地区的扶贫支持力度，推动西部大开发战略，实施兴边富民行动，不是简单地直接资助，而是给民族地区输入技术、管理、人才，‘授之以渔’，增强民族地区自我发展能力。在民生这一块，党和国家支持民族地区发展教育，实施积极的就业政策，初步建立基本医疗保障制度。还大力扶持少数民族文化的保护、继承、创新和发展工作，积极促进各民族之间的文化交流。比如同学们去少数民族地区旅游，看到景区的一些具有少数民族特色的文艺表演、手工技艺、工艺品，以及其他一些非物质文化遗产，都融合了少数民族文化元素。有些少数民族工艺品，不仅深受我们中国游客的喜爱，还出口到国外，世界很多地方的人们也能通过它们了解我们的中华优秀传统文化。”

刘老师说到这儿，看到马铮铮眼里闪着兴奋的光，不时地点头，便微笑着问他：“铮铮，你有什么想跟大家分享的吗？”

马铮铮说：“是的，老师，我觉得这就体现了‘共同繁荣’吧？老师您刚才说的‘西部大开发’我知道一些。我听爷爷说过，我们广西原本也是很落后的，实施西部大开发战略后，得到了党和国家在人力、物力、财力等方面的支持。首府南宁被定为中国－东盟博览会的永久举办地之后，自身加快了发展，也带动了整个广西的发展。2018年自治区成立60周年，我们都观看了宣传片。我们广西不但风景优美，而且经济水平也提升了很多呢。身为广西人，我觉得特别自豪！”

刘老师笑着表扬了马铮铮，又接着跟大家说：“2018 年习近平总书记为广西壮族自治区成立 60 周年题词——‘建设壮美广西　共圆复兴梦想’，就是希望我们未来要继续努力，共圆中国梦啊！”

放学回到家，马铮铮高兴地介绍起今天在学校看到的同学们的摄影展，还跟爷爷说起今天上课的内容。爷爷笑眯眯地听完了，拿起桌上一个红通通的石榴，对马铮铮说：“习近平总书记曾说过，促进各民族像石榴籽一样紧紧抱在一起，你知道这是为什么吗？

马铮铮想了想说：“就是要 56 个民族的人民团结起来？”

爷爷一边掰开石榴一边说：“是啊。我们中国传统文化把石榴视为吉祥物，象征着多子多福，这也正符合我们中华民族大家庭的多民族特色。你看，石榴成熟后，多室多籽，籽粒饱满，颗颗相抱，正如我国 56 个民族紧密团结在一起。习近平总书记用‘像石榴籽一样紧紧抱在一起’来比喻各民族团结，既形象，又提出了希望，就是希望各民族要相互了解、相互尊重、相互包容、相互欣赏、相互学习、相互帮助，各民族只有紧密团结，才能发挥出最大的力量，建设好我们的国家。”

马铮铮若有所思，自言自语道：“那我可要再加把劲儿，为广西的建设出一份大力！”

15

核心价值观是民族的灵魂

——在团课上的学习

对马铮铮他们这些初二学生来说，今年的六一国际儿童节是个重要的转折点。这个“六一”，他们要举行退队仪式，解下佩戴了8年的红领巾，向共青团看齐了。学校团委早早地通知各班，有入团意向的同学，要向团组织递交入团申请书。李天泽和马铮铮是最早递交入团申请书的，团委组织的入团积极分子团课，他们每次都积极参加。

今天给大家上团课的，不是团委书记苏老师，而是学校的学生会主席赵丽学姐，她要给大家讲一讲关于社会主义核心价值观的故事。

赵学姐上来就问：“同学们，最近在我们城市街头的一些LED大屏幕经常滚动播放一些很有意思的动画片，不知道你们有没有注意到？”

“动画片？”大家一听，都十分好奇，都在努力回忆这几天上下学路上有没有看到过这个东西。

马铮铮也认真想了一会儿，印象中，城市街头的LED屏幕播放的多是公益广告和一些本地的宣传片，动画片嘛，好像……他一下顿悟，大声说：“是不是叫作《可可小爱》的那个动画片？”

赵学姐微笑着说：“没错，就是《可可小爱》。就在离我们学校不远的那个路口，大家有没有注意？最近播放的内容是一群大妈在跳广场舞，影响了旁边小区的居民休息，学生做功课受到干扰，婴儿也被吓得哇哇大哭，保安生气地把她们音响设备的插头拔了。后来，大妈们认识到自己行为的不妥，主动把跳广场舞的地点改到了不影响居民休息的公园旁边。”

经赵学姐这么一提醒，大家都想起来了。有的同学想到动画片中那些可爱的人物形象，还笑了起来。

赵学姐介绍说：“其实，我们平时经常看到的这一集，只是《“可可小爱”社会主义核心价值观系列公益广告》里的一集。《“可可小爱”社会主义核心价值观系列公益广告》，是我们广西壮族自治区党委宣传部、自治区文明办委托一家文化传播有限公司制作的公益广告，总共有 72 集呢！

“这个系列的公益广告以生动活泼、通俗易懂的方式，通过每集35秒的小故事诠释社会主义核心价值观。现在除了户外的LED广告屏幕，还有一些地方，比如地铁和公交车上的电子显示屏，也在滚动播放，为的就是积极传扬新风正气，营造良好社会氛围。”

大家听了点点头。这时，有同学提问：“学姐，老师总跟我们说社会主义核心价值观，我们也知道那24个字，可是，它是怎么来的？这背后有什么故事吗？你可不可以给我们讲讲呢？”

赵学姐答道：“你们都还是初二的学生，在我们初三的道德与法治课上，老师就会给我们详细地介绍社会主义核心价值观。今天，我就来当当你们的小老师，给你们说说社会主义核心价值观。

“我们平常聊天，和一个人聊得来时，会说彼此的‘三观’相合，但和别人聊不来时，又会说‘三观’不合。‘三观’指的是世界观、人生观、价值观。每个人都有自己的价值观，怎样理解价值观呢？举个例子来说，比如有的人创造了财富，就喜欢到处去旅游，走遍世界，毕竟‘世界那么大，我想去看看’嘛。”

同学们都笑了。赵学姐也笑了笑，她接着说：“有的人拥有大笔财产，挥金如土，穷奢极侈，给社会带来极坏的影响。还有的人，也很有钱，但只想着去帮助别人。比如在中央电视台的‘感动中国2018年度人物’颁奖盛典上，我们就认识了一位老人——80多岁的空降兵部队离休干部马旭，她和爱人把毕生攒下的1000万元全部捐赠给家乡，而她和自己的老伴平时过着极其清贫节俭的生活。不同人的不同行为，很大程度上就体现了价值观的不同。”

同学们若有所思地点点头。

赵学姐继续说："生活中，我们常常依循各自尊崇的价值观判断是非曲直和决定行为取向。其实，许多价值观具有人类的基本共性，如善良、正直、诚信等。同时，不同国家、不同民族、不同时代、不同领域的价值观念也存在显著差异。党的十八大提出，倡导富强、民主、文明、和谐，倡导自由、平等、公正、法治，倡导爱国、敬业、诚信、友善，积极培育和践行社会主义核心价值观。这就是社会主义核心价值观的基本内容。

"党的十八大以来，党中央高度重视培育和践行社会主义核心价值观。习近平总书记多次作出重要论述，提出明确要求。2014 年 5 月 4 日，也就是五四运动 95 周年纪念日，习总书记在北京大学师生座谈会上的讲话中就提出，青年要自觉践行社会主义核心价值观。"学姐一边说着，一边点开演示课件，画面上赫然显示着习总书记讲话的照片，旁边附上了总书记的讲话内容。

"每个时代都有每个时代的精神，每个时代都有每个时代的价值观念。国有四维，礼义廉耻，'四维不张，国乃灭亡'。这是中国先人对当时核心价值观的认识。在当代中国，我们的民族、我们的国家应该坚守什么样的核心价值观？这个问题，是一个理论问题，也是一个实践问题。经过反复征求意见，综合各方面认识，我们提出要倡导富强、民主、文明、和谐，倡导自由、平等、公正、法治，倡导爱国、敬业、诚信、友善，积极培育和践行社会主义核心价值观。"

链 接

富强、民主、文明、和谐是国家层面的价值目标，自由、平等、公正、法治是社会层面的价值取向，爱国、敬业、诚信、友善是公民层面的价值准则。这个概括，实际上回答了我们要建设什么样的国家、建设什么样的社会、培育什么样的公民的重大问题。

说到这里，赵学姐向大家提问："大家分组讨论，思考一下，我们具体要建设什么样的国家、建设什么样的社会、培育什么样的公民？"

同学们分成了三组，每组讨论其中一个问题。5分钟后，第一组代表发言："我们组讨论的是建设什么样的国家这个问题。根据社会主义核心价值观，我们认为，我们要建设的是富强、民主，整个社会文明有序，并且科学文化水平高，社会关系很和谐的这样一个国家。"赵学姐点头称赞，补充说："和谐是中国传统文化的基本理念，集中体现在幼有所育、学有所教、劳有所得、病有所医、老有所养、住有所居、弱有所扶的民生各个领域。"

第二组是李天泽所在的小组，他代表大家发言："我们认为'自由、平等、公正、法治'是一个非常美好的社会蓝图，自由体现了每个人的思想、生存和发展是自由的，当然这是在法律约束之下的自由。平等体现了法律面前人人平等。社会实现公平和正义，需要法律来治理，所以以公正、法治来要求社会。我想，这是在告诉我们，依法治国，人们在法律的约束之下遵守法律，就能实现自由、平等，社会也就能实现公平、正义。”

第三组的代表是马铮铮，他站起来响亮地回答：“爱国、敬业、诚信、友善，应该是我们每个人的基本道德规范。祖国需要培养的，是热爱祖国、认同自己国家的，愿意为祖国献出一切的人。这从敬业上可以体现。只要人人都尽好责、出好力，祖国的各项事业一定会蒸蒸日上。诚信，也就是诚实守信，这是我们中华民族的传统美德。无论是谁，无论什么行业，都应该遵守诚信的原则，只有这样，整个社会的信任体系才能建立起来；否则，互不信任，社会的信任体系就会崩塌，后果很严重。而友善就是要求我们人与人之间应该互相尊重、互相关心、互相帮助、和睦友好，这样大家生活才和谐嘛！”

赵学姐微笑着听完了大家的发言，感慨道：“各位同学说得都很不错，看得出来大家都能够理解社会主义核心价值观了。这 24 个字，不仅是价值观上的要求，还写进了宪法。”学姐说着，切换了一张演示文稿。

演示文稿上显示：2018 年 3 月 11 日，第十三届全国人民代表大会第一次会议通过《中华人民共和国宪法修正案》，将“国家提倡爱祖国、爱人民、爱劳动、爱科学、爱社会主义的公德”修改为“国家倡导社会主义核心价值观，提倡爱祖国、爱人民、爱劳动、爱科学、爱社会主义的公德”。

赵学姐问道：“大家思考过吗，我国为什么要倡导社会主义核心价值观？为什么要把社会主义核心价值观写入宪法？”

赵学姐看到大家都等着她解答，继续说：“习总书记在北京大学师生座谈会上的讲话中指出，‘富强、民主、文明、和谐，自由、平等、公正、法治，爱国、敬业、诚信、友善，传承着中国优秀传统文化的基因，寄托着近代以来中国人民上下求索、历经千辛万苦确立的理想和信念，也承载着我们每个人的美好愿景’。”

链接

一个民族的文明进步，一个国家的发展壮大，需要一代又一代人接力努力，需要很多力量来推动，核心价值观是其中最持久最深沉的力量。

——2014 年 5 月 30 日，习近平在北京市海淀区民族小学主持召开座谈会上的讲话

核心价值观，其实就是一种德，既是个人的德，也是一种大德，就是国家的德、社会的德。国无德不兴，人无德不立。如果一个民族、一个国家没有共同的核心价值观，莫衷一是，行无依归，那这个民族、这个国家就无法前进。

——2014 年 5 月 4 日，习近平在北京大学师生座谈会上的讲话

“把核心价值观写入宪法，更有利于引导人们向往和追求讲道德、尊道德、守道德的生活，让14亿人的每一分子都成为传播中华美德、中华文化的主体。”

赵学姐说到这儿，停了一下，问大家：“那么，我们作为青少年，应该怎样去践行社会主义核心价值观呢？”

马铮铮说：“社会主义核心价值观公民层面的要求是爱国、敬业、诚信、友善，我们就应该从这几个方面入手，热爱祖国，履行公民的基本义务，完成规定的学习任务，还要待人诚信、友善，在生活中乐于助人，积极承担社会责任。”

李天泽站起来说：“对，我们应该积极参加社会公益活动，培养自己的社会责任感。还应该多学习法律知识，去向身边的人普及法律知识，因为核心价值观社会层面的要求是自由、平等、公正、法治，对我们个人来说，需要有法治意识，积极维护社会的公平正义。”

韦同学接着说：“除此之外，我认为我们还要讲文明、树新风，积极提高自身能力，参加环保活动，因为建设富强、民主、文明、和谐、美丽的祖国不光是大人的事，我们青少年也是可以出一份力的。”

赵学姐听了大家的发言，赞许地点点头说：“培育和践行社会主义核心价值观，并不是口头空话，要与日常生活紧密联系起来，做到落细、落小、落实。‘人生的扣子从一开始就要扣好’，我们青少年处在价值观形成的关键时期，应该培养正确的学习观、是非观，要自觉做到爱学习、善思考，要注重自身修养，积极参加实践，还要学会辨是非、做选择，认真做事，踏实做人。希望大家能牢牢记住社会主义核心价值观，把这24个字嵌在心里，尤其是公民个人层面的要求。在日后的学习、生活中，都要以它们作为个人的行为准则，争取加入共青团，做一名优秀的共青团员，向更多的同学传播核心价值观带来的正能量。”

同学们眼神坚定，热烈地鼓掌，一种使命感油然而生。马铮铮一边鼓掌，一边想着，今晚回家要好好和爷爷聊聊社会主义核心价值观。

16

网络空间也要风清气正

——无视网络规则的“键盘侠”终将受到惩罚

今天，刘老师早早地在演示课件上展示了一张图片：一台电脑连着又一台电脑，布满了整个地球。今天的班会课会是什么主题呢？

上课铃响了，刘老师走进教室，跟大家聊了起来。

“同学们，2019年，我们广西的玉林市发生了地震，大家还记得吗？”

同学们议论了一下，回答：“记得。”

刘老师接着说：“嗯，2019年10月12日22时55分，广西玉林北流市发生了5.2级地震，震源深度10千米。地震发生时，大家都很紧张，尤其是震中地带的居民们，纷纷离家到室外避难。而在地震发生后不久，很多人就在网上看到了一条信息——‘地震卫星监测，今天凌晨2点43分至45分将发生余震，请广大市民做好防震准备，最好找空旷的地方躲起来’，署名是‘中国地震网’。这下居民们更紧张了，很多人不敢回家，把被子枕头都搬出室外，打算在室外过夜。”

马铮铮疑惑地问：“老师，余震能监测得到？还能这么准确吗？”

刘老师笑了笑说：“问得好，目前的监测水平还不能实现这一点，很显然这是一条谣言。然而这条假消息确实让很多人寝食难安。更重要的是，传播谣言，扰乱公共秩序，触犯了法律。当地警方接到群众报案后，马上采取行动，几个小时之后，在 13 日的凌晨 5 时许就将涉嫌散布该谣言的违法人员唐某源抓获，审理后给予他行政拘留十日的处罚。”

“这个案例给我们什么警示呢？”刘老师问大家。

马铮铮想了想说：“警示我们不能传播谣言。”

李兵说：“警示我们在使用网络的时候也要遵守法律。”

刘老师微笑着说：“你们说的都对。这也正是我们今天班会的主题——‘正确认识网络，遵守网络规则’。”

刘老师点击了一下电脑屏幕，课件上出现“正确认识网络，遵守网络规则”的大标题。刘老师给大家展示了几幅图片，然后接着往下讲。

“30 多年前，从中国发出的第一封电子邮件中写道：‘Across the Great Wall，we can reach every corner in the world.’（越过长城，走向世界。）中国人使用互联网的序幕从此揭开。30 多年来，中国的互联网事业发展迅猛，日新月异，越来越多的人加入使用互联网的大军。第 44 次《中国互联网络发展状况统计报告》显示，截至 2019 年 6 月，我国网民规模达 8.54 亿人。随着网络直播、网络音乐、网络教育等互联网应用进一步蓬勃发展，短视频、视频博客等新型娱乐呈现形式不断推出，越来越多的群众得以共享优质的教育文化资源。同学们，请你们结合日常生活想一想，我们现在能使用网络做些什么呢？”

“看电影！”

“玩游戏！”

“查找我需要的学习资料。”

“我可以和在美国的表姐直接视频对话！”

……

同学们纷纷举手回答。

刘老师接着说：“是啊，互联网改变了我们的生活，让我们的生活更美好。习总书记说过，谁掌握了互联网，谁就把握住了时代主动权；谁轻视互联网，谁就会被时代所抛弃。然而与此同时，网络空间良莠不齐的信息内容开始野蛮生长。近年来在互联网中出现了一些不和谐的现象：直播乱象层出不穷，低俗内容屡禁不止，电信诈骗时有发生……我国 9 亿多的网民中，1 亿多是未成年人。网络上的不良现象污染了网络环境，严重的还威胁了网络安全，而未成年人是很容易受到影响的。

你们谁能说说自己了解到的网络不良现象？”

马铮铮举手说：“老师，听说有人利用网络泄露国家机密。还有一些人会制造和传播计算机病毒。”

周丽丽说：“老师，我知道有的人专门在购物网站帮人刷好评赚钱，这是欺骗消费者。”

刘晓涛说：“我看到有些明星的粉丝在微博上与其他明星的粉丝互骂互掐，语言粗俗不堪，还有一些带有不良信息的广告小窗会经常自己弹出来。”

李兵说：“在网络上造谣生事的人也不少，还有的人故意侮辱他人。老师，2019 年 3 月，四川凉山发生森林火灾。很多消防队员和地方扑火队员去救火，因为突发林火爆燃，有 27 名森林消防指战员和 3 名地方扑火队员牺牲了，大家都很悲痛，可是竟然有人在网络上发布了侮辱英雄的言论，看着真是让人气愤！”

同学们听了顿时群情激愤：“真是太可恶了，这样的人，一定要绳之以法。”

刘老师表情凝重地点点头说：“是啊，这件事确实让人非常气愤。侮辱凉山救火烈士的男子姜某生最终受到了相应的处罚，他被判处有期徒刑 1 年 8 个月，并且要在媒体上公开发文道歉。”

“确实，现在互联网上不合规、不合法的现象是存在的，也引起了国家的重视。”

链接

网络空间天朗气清、生态良好，符合人民利益。网络空间乌烟瘴气、生态恶化，不符合人民利益。……我们要本着对社会负责、对人民负责的态度，依法加强网络空间治理，加强网络内容建设，做强网上正面宣传，培育积极健康、向上向善的网络文化，用社会主义核心价值观和人类优秀文明成果滋养人心、滋养社会，做到正能量充沛，主旋律高昂，为广大网民特别是青少年营造一个风清气正的网络空间。

——2016 年 4 月 19 日，习近平在网络安全和信息化工作座谈会上的讲话

要提高网络综合治理能力，形成党委领导、政府管理、企业履责、社会监督、网民自律等多主体参与，经济、法律、技术等多种手段相结合的综合治网格局。

——2018 年 4 月，习近平在全国网络安全和信息化工作会议上的讲话

刘老师看着同学们若有所思的样子，微笑着说："那么现在问题来了，习总书记给我们网民也提了要求，我们要怎样做才是自律的网民、合格的网民呢？"

李兵第一个站起来说："我们要遵守道德和法律，不能透露别人隐私，更不能泄露国家机密。"

马铮铮说："在与网友交流的时候语言要文明得体。"

刘晓涛说："我们要积极利用网络传播优秀的作品，比如说去关注人民日报的微博，还可以转发相关微博，让更多的人看到。"

马铮铮又补充一句："在网上发现了不良信息要马上关闭，不要因为好奇就去看。而且，我们还应该向网络警察举报不良网站。"

刘老师点点头，说："互联网有利有弊，我们都要遵守网络的规则，讲道德、守法律，毕竟，没有谁会喜欢在污水秽流里'冲浪'，也没有人能在垃圾信息中'淘宝'。让无视网络规则的'键盘侠'接受他们应得的惩罚，让正能量借助互联网传播得更远、传播到更多人的心里，让互联网使我们的生活变得更美好，大家说是吗？"

同学们面带笑容，异口同声地回答："是！我们一定会努力！"

17

人与自然是生命共同体

——绿水青山就是金山银山

“爸，我买好票了，腊月二十八咱们就动身回去，今年咱们在老家过年。”马铮铮的爸爸一进门就笑着对爷爷说。

爷爷微笑着点点头，连说：“好、好，也有几年没回去了，咱今年回去看看。”

马铮铮一听，脸都耷拉下来了，他暗暗地嘀咕：“回老家？老家脏兮兮的，污水横流，鸡鸭乱跑，路上到处都是鸡粪、鸭粪，厕所也脏，我都差点没处下脚了。而且，老家的网络也不好，无聊得很。还有，旁边那个什么厂子，成天敲敲打打的，还老是冒黑烟，感觉让人呼吸都不顺畅了，我可真不想回去。”

爷爷听见了，哈哈大笑：“铮铮呀，家乡就是家乡，爷爷在那儿长大，你爸爸也在那儿长大，即便它有些脏、比较落后、生活不便，那也是我们记忆中最亲切的地方，可不能嫌弃呀。”

马铮铮听了，有点难为情。

爷爷又接着说：“你说的那些问题呀，都是前几年的了，现在的老家可不是这样喽。我保管你这一次回去，会玩得不舍得离开！”

“真的？”马铮铮半信半疑，撇了撇嘴就回房间写作业去了。

腊月二十八那天，马铮铮一家先坐动车后换乘汽车，历经 5 个小时，回到了阔别 5 年的老家。

刚进到小山村，马铮铮就发现，曾经脏乱差的村子，竟然变得干净整洁了。这几年，发生了什么事呢？

马铮铮正想着，大伯迎了出来。马铮铮立刻嘴甜地叫了一声“大伯好”，大伯乐呵呵地说：“好久不见铮铮了，长高了很多呀！这次回来，要好好逛逛咱们村啊。上次你回来总嫌弃这儿脏那儿脏，这次你肯定不会再说村子里脏兮兮的了。”马铮铮有点不好意思地笑了笑，说：“哎，大伯，我小时候不懂事儿，您别往心里去。我听爷爷说，咱们村里现在可好了，到底好在哪儿了，您带我们去看看呗！”

爸爸笑着对马铮铮说：“你找大伯当导游真是找对了，你大伯现在是咱们村的村支书。这几年村子里的变化，他最清楚了！村子有今天的变化，他的功劳可大了！”

大伯对着马铮铮爽朗一笑：“哈哈，你爸爸那是过奖了，一个人的力量哪有那么强大，这是大家的功劳！好，我来给大家当导游。”他招呼着马铮铮一家，一边说，一边向村子里走去。

村子里的路还是过去的青石板路，给人一种很古朴的感觉。路面很干净，两旁种满了绿植，有些连片的草地上还摆了一些盆景。再往里走，马铮铮看到一户人家把自家门前一块很大的空地围了起来，里面有几棵果树，种了一些菜，中间又围了一道栅栏，很多只鸡在散步、在草地里找东西吃，一派祥和安宁的乡村景象。

大伯见马铮铮盯着那片草地看，笑着说：“现在，路上再也见不到满地的鸡鸭粪啦！对于养鸡养鸭的村民，村里都要求他们圈出一块地来专门放养，不让鸡鸭跑到村道上来。”

马铮铮开心地点点头说：“真好！我可以放心在村道上走了，嘻嘻。大伯，我记得以前在祖屋后面有个厂整天敲敲打打，还冒黑烟，现在还在吗？”

大伯说：“你还记得那个工厂？哈哈，现在那个厂已经关停了。它制造噪声影响村民生活，冒的黑烟都是未经过环保处理的废气，影响大家的身体健康。后来大家受不了了，向环保部门投诉，很快就有人来处理，最后把它关闭了。现在，那里已经变成我们村的一个特别的景观——莲花池，等会儿我们走过去看一看吧。”

马铮铮听了，高兴地对爷爷说：“爷爷，咱们村子果真不一样了！”

爷爷哈哈一笑说：“那当然啦。我跟你讲个故事吧，你可知道，在浙江有一个叫作安吉的地方，被称为‘中国竹乡’，那里有个村子叫余村。余村原本是个风景秀丽的小山村，二十世纪七八十年代，村民们为了解决吃饭问题，在那里挖矿山、建水泥厂，很快就挣到了很多钱，成了远近闻名的‘首富村’。可是，村民们也很快就尝到了苦头。由于山林被大面积破坏，环境污染严重，余村常年笼罩在烟尘中。后来呀，余村人把矿山、水泥厂都关停了，村民们收入大幅下降，日子很是难过呀。”

马铮铮睁大了眼睛，着急地问：“那他们怎么办？没有了经济来源，他们吃什么？怎么生活？”

爷爷接着说："2005 年，当时任浙江省委书记的习总书记到余村考察，首次提出'绿水青山就是金山银山'的科学论断，称赞当地把水泥厂和矿山关停是高明之举呢！后来余村人封山育林，发展生态旅游，建设美丽乡村。现在的余村，再也不是那个到处是灰的余村了，它已经成为全国乡村治理示范村啦！"

大伯接着说："是啊，习总书记指出，'人与自然是生命共同体'，'人的命脉在田，田的命脉在水，水的命脉在山，山的命脉在土，土的命脉在林和草，这个生命共同体是人类生存发展的物质基础'。乡村就是一个田、水、山、林、草共生的天然有机生态系统。当人类保护好这个系统，合理利用、友好保护自然时，自然的回报常常是慷慨的；如果人类破坏了这个系统，无度地向大自然索取，大自然的惩罚一定是无情的。"

马铮铮听了，一副恍然大悟的神情。他对大伯说："我明白了，大伯，咱们村也是向余村学习，要建设美丽乡村吧？"

大伯笑着说："没错！良好的生态环境是人和社会持续发展的基础。习近平总书记在党的十九大报告中提出，'人与自然是生命共同体，人类必须尊重自然、顺应自然、保护自然。……我们要建设的现代化是人与自然和谐共生的现代化'。咱们的村子，也要建造成人与自然和谐共生的现代化小山村！"

马铮铮点点头说："良好的生态环境是人和社会持续发展的基础，确实是这样。您看咱们村原来那个厂，噪声和黑烟都是影响大家身体健康的，而且也砍了不少树，如果造成水土流失，甚至引发泥石流、山体滑坡，那就太可怕了！”

大伯说：“是啊，还好有了安吉余村的成功经验，大家又在网上查找到了其他类似的破坏生态环境求发展的失败教训，及时地举报，才得以还咱们村一片安宁和谐啊！”

爸爸接着说：“你大伯和其他村干部带领村民们一起大干一场，规划了全村的发展计划。先是让家家户户‘管好’自家的鸡鸭，不让鸡鸭随意走上村道，保持村道的干净整洁；接着开发咱村的生态旅游，全村有过半的家庭都开发了农家乐，建了家庭旅馆。村后的那个山泉，水质清澈，冬暖夏凉，常常有城里人来这儿休闲度假，这样村里的家庭旅馆就有了客源，大家收入增加了，可高兴呢！”

马铮铮一脸佩服地看向大伯，朝大伯伸出了大拇指：“大伯，我给您点赞！”

大伯谦虚地笑笑说：“哎，这有啥了不起，我也就是干了一个党员干部该干的事儿。快看，莲花池到了！”

只见面前很大一个池子，池子中央有一座精致的小亭子。这边冬天不太冷，池子里还漂浮着夏天种植的莲叶。微风吹过，水波荡漾，非常漂亮。

大伯介绍道：“这就是莲花池了，这里已经看不到过去那个乌烟瘴气的工厂的样子了。现在咱们的村子尽可能保持原来古香古色的风貌——村里的青石板路一直没换呢，还有这么美的莲花池，不但游客喜欢来，乡亲们都更爱自己住的地方了。我们利用好村后的山泉，有了农家乐的各种项目，游客越来越多了，有时碰上小长假，还会出现房间紧张的情况呢！大家收入都增加了，心情别提有多好了！乡亲们都说习总书记的理念好。为了表达对总书记的感激之情，大家把小亭子取名为‘初心亭’，也学余村在亭子边上立了一块大石头，上面写着‘绿水青山就是金山银山’！”

马铮铮往亭子边看去，果然看到了那块石头。他想了想，突然高兴地说：“我明白了，这就是习爷爷说的‘绿水青山就是金山银山’，不用开矿，不用建厂，也能有不少经济收入，我们依靠绿水青山，打造出自己的金山银山！”

大家听了都笑了。爷爷拍拍马铮铮的肩膀说：“小伙子，理解得不错。大家都来保护环境了，才能真正实现人与自然和谐发展。”

链接

要像保护眼睛一样保护生态环境，像对待生命一样对待生态环境……

环境就是民生，青山就是美丽，蓝天也是幸福。……要坚持生态惠民、生态利民、生态为民，重点解决损害群众健康的突出环境问题，加快改善生态环境质量，提供更多优质生态产品，努力实现社会公平正义，不断满足人民日益增长的优美生态环境需要。

生态文明是人民群众共同参与共同建设共同享有的事业，要把建设美丽中国转化为全体人民自觉行动。每个人都是生态环境的保护者、建设者、受益者，没有哪个人是旁观者、局外人、批评家，谁也不能只说不做、置身事外。

——2018 年 5 月 18 日，习近平在全国生态环境保护大会上的讲话

马铮铮笑嘻嘻地对爷爷说："爷爷，这回您说对了，我就是舍不得离开了，我们在这儿住久点吧。暑假我还要再来，去村后的山泉里游泳避暑，好好享受享受这里的绿水青山！"

大伙听了，哈哈大笑。爷爷说："行！行！"

马铮铮回头看着美丽的莲花池，心里想：以后如果年年都有机会回来就好了。这里空气清新，风景优美，还有很多爷爷的老朋友，爷爷住在这儿会更健康吧！

18

祖国完全统一一定能实现

——两岸一家亲

今天，马铮铮一回到家，就拉着爷爷说："爷爷、爷爷，您给我说说台湾的事儿呗，让我多了解一些，让我能更好地跟台湾的同学交流呀！"

爷爷丈二和尚摸不着头脑，马铮铮赶紧解释。原来，学校过两天要接待一个来自宝岛台湾的访问团，马铮铮被选为参加接待与联欢活动的学生代表。接到这个消息，马铮铮别提有多高兴了。

爷孙俩在书房里聊了一晚上才出来。马铮铮走出书房时，满怀信心。

第二天，马铮铮来到学校，和其他准备参加活动的同学一起，参加学校老师给他们安排的碰头会。

碰头会由刘老师主持，刘老师给大家介绍了本次活动的大致情况。原来，这是"两岸一家亲·传承中华优秀文化"桂台中小学文化交流活动，台湾学子希望利用假期到祖国大陆参观，与祖国大陆同龄人进行交流，以增进对祖国大陆的了解，最终达成"两岸交流促情谊、协同发展共成长"的目的。

刘老师问大家："有哪位同学知道台湾的历史吗？能不能给大家说一说？"

马铮铮立即举手，刘老师示意他来给同学们介绍。

马铮铮说：“台湾同祖国大陆的渊源久远而深厚。远古时代，台湾与祖国大陆相连，几百万年前，由于地壳运动，部分陆地下沉，海水进入，形成台湾海峡，台湾变成岛屿。台湾自古以来就是中国领土不可分割的一部分。明朝，荷兰和西班牙殖民者分别侵入台湾。1661年，郑成功带领台湾人民驱逐侵略者，1662年收复台湾。台湾后来的情况，我们来听刘老师说一说吧。”

刘老师微笑着点点头，说：“的确，台湾自古以来就是我们中国的领土，台湾问题的产生和演变同近代以来中华民族的命运休戚相关。”

链 接

1840年鸦片战争之后，我们的祖国山河破碎。1895年清政府签订丧权辱国的《马关条约》，把台湾割让给日本。此后日本侵占台湾50年。1945年，中国人民抗日战争暨世界反法西斯战争取得伟大胜利，台湾重回祖国怀抱。可是，由于解放战争和外部势力干涉，海峡两岸陷入长期政治对立的特殊状态。1979年1月1日，全国人大常委会发表《告台湾同胞书》，提出了结束军事对峙状态，实现两岸同胞自由往来，通航、通邮、通商和开展经济文化交流等重要主张，开启了海峡两岸和平发展的大门。

“1987 年，台湾地区开放民众赴祖国大陆探亲，并在经济、文化交流等方面，逐步采取了一些开放措施，海峡两岸长期隔绝的状态被打破。1992 年，祖国大陆的海协会和台湾的海基会达成各自以口头方式表述‘海峡两岸均坚持一个中国原则’的重要共识，也就是‘九二共识’。

“2008 年，中国国民党主席马英九当选台湾地区领导人，此后，两岸在‘九二共识’、反对‘台独’的基础上，走上了和平发展道路。同年，海峡两岸实现直接通邮、通航、通商。2015 年 11 月 7 日，习近平总书记和马英九在新加坡进行历史性会面，这是时隔 66 年两岸领导人的首次会面，两人的握手被称为‘世纪之握’。习总书记说：‘虽然两岸迄今尚未统一，但中国的主权和领土完整从未分裂。两岸同属一个国家、两岸同胞同属一个民族，这一历史事实和法理基础从未改变，也不可能改变。’”

刘老师接着说：“习总书记说过，‘民族复兴、国家统一是大势所趋、大义所在、民心所向’。‘祖国必须统一，也必然统一。这是 70 载两岸关系发展历程的历史定论，也是新时代中华民族伟大复兴的必然要求。’‘台湾前途在于国家统一，台湾同胞福祉系于民族复兴。’‘支持和追求国家统一是民族大义，应该得到全民族肯定。’‘我们真诚希望所有台湾同胞，像珍视自己的眼睛一样珍视和平，像追求人生的幸福一样追求统一，积极参与到推进祖国和平统一的正义事业中来。’”

大家听了纷纷点头。马铮铮说：“老师，我爷爷常说，祖国大陆和台湾是一家。现在有一部分台湾人其实也是当年从祖国大陆过去的，他们的故乡在祖国大陆。有的人再也没能回到故乡；有的人回到祖国大陆寻亲时，也没能再看一眼自己的父母。这些听起来就很让人难过。”

刘老师说：“是啊，一水之隔，咫尺天涯，两岸迄今尚未完全统一是历史遗留给中华民族的创伤。诗人余光中有一首著名的《乡愁》，表达了思念家乡、思念祖国的情感。‘我在这头，大陆在那头。’现如今，‘中国是世界上唯一尚未实现完全统一的大国’，祖国统一是两岸人民的心愿。习近平总书记积极倡导‘两岸一家亲’的两岸关系和平发展新理念。2017 年 10 月，中国共产党第十九次全国代表大会在北京召开，‘两岸一家亲’理念被写进了党的十九大报告。两岸同胞是命运与共的骨肉兄弟，是血浓于水的一家人。”

刘老师说到这儿，看了看大家，微笑着说：“两岸同胞应该共同努力谋求国家统一，抚平历史创伤！越来越多的台湾民众来到祖国大陆，来看日新月异的祖国，了解祖国的发展，寻找更多的发展机遇。台湾的中学生也想与我们的同学交流交流，看一看大陆的同龄人在学习什么、思考什么。你们可不仅仅是学校的代表，你们还是两岸和平交流的小使者哦！”

转眼就到了台湾访问团到来的日子。这次“两岸一家亲·传承中华优秀文化”桂台中小学文化交流活动，有来自台湾和广西本地的老师、同学共 100 多人参加，由马铮铮所在的学校来承办。

活动第一天，学校合唱团的同学们身穿漂亮的民族服装，唱着嘹亮悦耳的壮族迎宾歌曲，在校门口迎接远道而来的客人。当台湾来的老师和同学们如期而至时，马铮铮等主要负责接待的同学给他们送上了鲜花和广西特有的绣球，让客人们感受富有魅力的壮乡特色文化。

马铮铮很激动。兼任解说员的他大方上前向台湾的客人们介绍校园传统文化墙，并领着大家参观了整洁美丽的校园。

马铮铮与学校的老师陪着台湾访问团一起观摩了丰富多彩、极具特色的民族传统文化课，比如国画、古诗词欣赏、民乐演奏等。民乐团特意演奏的《高山流水》《金蛇狂舞》等著名曲目，让台湾师生们赞不绝口。

接着，大家来到操场，有班级正在上体育课。课上有很多有意思的项目，比如广西少数民族传统体育项目抛绣球，这一项目引起了访问团的兴趣。正在上课的同学们主动邀请台湾同学加入其中，耐心地教他们如何将绣球瞄准、抛出，气氛欢快热烈。

马铮铮和老师们还带领客人们来到学校的手工馆。正值端午节前夕，大家各自分享了广西和台湾过端午节的风俗，还一起制作壮乡美食——粽子、艾叶粑粑。台湾男生小伟正好站在马铮铮身边，一直不停地向他询问广西的一些传统文化。这会儿，小伟吃上了香喷喷的粽子，他一边大口吃着，一边告诉马铮铮，这粽子的味道和台湾的可不一样。

小伟说，台湾的粽子有白米粽、绿豆粽、叉烧粽、八宝粽、烧肉粽，有一些口味和广西的粽子差不多，还有很多种类的粽子则带有浓厚的闽南风味。马铮铮问道："台湾和福建就相隔一条海峡，很多风俗习惯也很相似吧？"

小伟点点头说："是啊，远古时期福建与台湾同属闽台半岛，是连为一体的，后来因为一次地壳运动才分开的。此外，台湾有80%的同胞祖籍都是在福建，可以说有着非常亲近的血缘关系呢！"

马铮铮说："噢，怪不得人们都说'闽台文化'，原来是这么亲近的关系呢！"

小伟说："是啊，我们听老师介绍过大陆。我也通过网络了解过大陆。我发现，大陆和台湾有很多文化是相通的，很多传统节日你们有，我们也有呢！"马铮铮立刻接上话说："对对，那正说明了我们两岸人民是同根同源、同文同种的。老师告诉我们，两岸同胞是血浓于水的一家人，中华文化是两岸同胞共同的精神财富，也是两岸同胞血脉相连的精神纽带。”

小伟说：“是的，我们台湾和大陆就是一家人。我外公的家乡在江西，他说他离开家乡几十年了都没能回去看一眼。今年暑假，爸爸妈妈准备和我带着外公外婆回来‘寻亲’呢。一想到又能再来一次大陆，真是太开心了。”

马铮铮高兴地说：“太好了！希望祖国快快统一，台湾快些回归祖国，这样，我们两岸的来往就会更方便了。以后，你想什么时候来就什么时候来。将来，你还可以来大陆上大学、工作呢！”

两人聊得火热，周围的同学也加入他们的聊天中。大家七嘴八舌，热烈地讨论着。

很快到了活动结束的时间，小伟和马铮铮互留了联系方式。小伟带着对广西的美好印象，随着访问团去往下一站了。马铮铮看着他们逐渐远去的大巴车，心里想：“将来我也要去看一看台湾的山山水水，感受一下跟我们这儿一样的传统文化，也感受一下跟我们这儿不一样的风土人情。”他突然感到了自己肩负着两岸和平交往小使者的责任。

19

依靠学习走向未来

——学习、学习、再学习，实践、实践、再实践

在今天的道德与法治课上，刘老师给大家看了一则新闻：

2019 年 9 月 23 日，“学习强国”学习平台邀请全国近 60 名学习积极分子和挑战答题学习达人共聚北京，在人民大会堂观看国庆专场文艺演出，并到“学习强国”学习平台参加访谈活动。陈国丽是此次北京行广西唯一受邀的学习积极分子。一直以来，陈国丽坚持通过“学习强国”学习平台打卡学习，目前积分达9000多分。尽管日常工作繁忙，但是她充分利用“学习强国”学习平台，将时间“化零为整”地坚持学习。对陈国丽而言，“学习强国”学习平台就是一个移动的“数字图书馆”，随时给她补充营养和能量。“既扩大知识面、拓宽视野，又提升了公文写作能力，最重要的是能学以致用，拓展工作思路。”陈国丽说。

“学习强国”学习平台是什么？许多同学发出了疑问。刘老师微笑着说：“我们请马铮铮同学来给大家介绍一下。”

马铮铮流利地给同学们介绍起来：“‘学习强国’就是智能手机上的一个学习 APP。习爷爷说，‘梦想从学习开始，事业从实践起步’。

习爷爷还强调，要加快推进马克思主义学习型政党、学习大国建设。我们要学起来才能强起来，因此中共中央宣传部推出这么一个学习平台，让更多的人能通过这个平台学习成长。”

马铮铮一边点击他制作的课件，一边向同学们介绍“学习强国”APP的内容。原来，“学习强国”有“新思想”“技能”“理论”“文化”“影视”等栏目，内容极为丰富，聚合了大量可免费阅读的新闻、图书、期刊、公开课、歌曲、戏曲、电影等资料。除新闻报道之外，最吸引同学们的“文化”版块包含了中国文学、中华诗词、中国成语等内容，还有像《国家宝藏》《中国诗词大会》这样的文化综艺节目。大家都非常惊喜，仿佛突然之间发现了一个巨大的宝库一样。

马铮铮为什么对这个APP这么熟悉呢？因为在家里，爷爷用，爸爸用，妈妈也在用，全家经常在一起交流各自在“学习强国”APP上学到的新知识、看到的新消息。每天早上起床，妈妈就会打开“学习强国”搜索“新闻联播”，让马铮铮观看前一天的《新闻联播》。周末，马铮铮在电脑上通过这个学习平台上一些自己感兴趣的公开课，观看自己喜欢的文化综艺节目。和大多数同学一样，他最喜欢看《中国诗词大会》，都看了两遍呢！

马铮铮的介绍结束了，同学们的兴奋劲儿还没过去，刘老师走上讲台，问大家：“同学们，你们有没有想过，现在是网络时代，要在网上查找知识是非常容易的，为什么中宣部会专门推出这样一个学习平台呢？”

马铮铮率先抢答：“因为要让全体党员加强学习，也要让更多的人能多学习。”

其他同学也接着说：“是啊，让大家都学习，现在社会发展那么快，不学习跟不上时代呀。活到老，学到老嘛！”

刘老师笑了笑，点点头说：“大家说得有道理。中华民族是个热爱学习的民族，我们党历来重视党员特别是领导干部的学习，这是推动党和人民事业发展的一条成功经验。大家回想一下，从新民主主义革命到改革开放，到今天中国特色社会主义进入新时代，我们的事业，是不是一直一帆风顺的呢？”

大家摇摇头。

刘老师接着说：“习总书记有一句总结，‘我们党依靠学习创造了历史，更要依靠学习走向未来’。”

“就像刚才大家说的，时代变化很快，不学习就跟不上时代。这‘学习’不仅是指学习新知识、新科技，还包括学习在国家发展的新时期出现新问题时的解决方法。比如说，我国的经济发展速度，在过去的几十年，特别是改革开放以来，是非常快的。这么快速的发展，给我们带来的是不是只有好处，没有不良的影响？当然有一些不良的影响，比如有些地方为了发展经济破坏了环境，给生态带来了不可逆转的损害。这些就是发展中存在的新问题，怎样解决这些新问题？过去没有碰到过，那怎么办？就要学习。”

同学们听着，若有所思。

刘老师接着说：“习近平总书记说过，‘现在，我们遇到的问题中，有些是老问题，或者是我们长期努力解决但还没有解决好的问题，或者是有新的表现形式的老问题，但大量是新出现的问题。……不论是新问题还是老问题，不论是长期存在的老问题还是改变了表现形式的老问题，要认识好、解决好，唯一的途径就是增强我们自己的本领。增强本领就要加强学习，既把学到的知识运用于实践，又在实践中增长解决问题的新本领。……本领不是天生的，是要通过学习和实践来获得的’。同学们，习爷爷的这些话，虽然是对党员干部说的，但是对我们中学生有没有一些启发？”

同学们纷纷点头说：“有，我们也是要不断学习的。”

李天泽站起来说：“我们中学生现在是打基础的时候，学习到的东西还只是皮毛呢。将来还要学很多的东西，才能跟上时代啊！”

刘老师肯定地说道："说得对。当今这个时代，知识更新周期大大缩短，各种新知识、新情况、新事物层出不穷。我从大学毕业到现在，也新学了很多知识。比如以前读大学的时候，我运用电脑的能力还很欠缺，后来我就学会了使用一些常用的办公软件；当了老师后发现班主任工作和教学工作存在一些问题，我就会去向老教师请教。在现代社会，不学习就要落后。"

链 接

18世纪以前，知识更新速度为90年左右翻一番；20世纪90年代以来，知识更新加速到3至5年翻一番。近50年来，人类社会创造的知识比过去3000年的总和还要多。还有人说，在农耕时代，一个人读几年书，就可以用一辈子；在工业经济时代，一个人读十几年书，才够用一辈子；到了知识经济时代，一个人必须学习一辈子，才能跟上时代前进的脚步。

——2013年3月1日，习近平在中央党校建校80周年庆祝大会暨2013年春季学期开学典礼上的讲话

刘老师话锋一转，问大家："那么问题来了，我们要依靠学习走向未来，我们要学习什么？向谁学习呢？"

马铮铮抢着回答："学习科学知识、学习历史。因为习总书记说过，

‘科技创新是提高社会生产力和综合国力的战略支撑，必须把科技创新摆在国家发展全局的核心位置’。我们现在的高科技产品，很多都是过去的人们所无法想象的。正是因为学习了科学知识，学会了创新，加上国家的鼓励和支持，现在我国的科技水平越来越高，部分领域，比如航天航空还走在了世界前列。科技给我们打开了通向未来的窗口，未来一定会有更多更美好的奇迹。”

他停顿了几秒钟，又接着说：“习总书记不但重视科技，还重视历史。他说过，‘历史是最好的教科书，也是最好的清醒剂。中国人民对战争带来的苦难有着刻骨铭心的记忆，对和平有着孜孜不倦的追求’。我们要好好学习历史，从历史中学习怎样应对未来。”

刘老师问：“铮铮，你这个‘应对未来’，是指谁的未来呀？”

马铮铮摸摸头说：“这个未来，应该是有我们自己的未来，又有祖国的未来。老师您瞧，我们学习历史，了解古人的优秀思想和优秀传统美德，向他们学习，可以给自己未来的发展培养好习惯、打下好基础，这样才能做好未来祖国建设的接班人呀。了解历史、铭记历史，我们的国家才能够从以往的历史中汲取经验和智慧，自觉按照历史规律和历史发展的辩证法办事，才能对未来的中国特色社会主义事业起促进作用呀。”

刘老师微笑着点点头说：“说得对。其他同学还有什么看法吗？”

李天泽站起来说：“我同意铮铮的观点。我认为除了科技、历史知识，我们还应该多学习一些我们中华民族的优秀传统文化。中华文化源远流长，博大精深，古人的很多思想放到今天也是适用的。比如范仲淹的‘先天下之忧而忧，后天下之乐而乐’。”

其他同学接着说："是啊，像'人生自古谁无死，留取丹心照汗青'，多么慷慨壮烈！"

周子安说："不只是民族大义，我觉得我们还应多学习古诗词，因为很多古诗词都很美呀……"

刘老师笑着说："你们说的都对。习总书记说过，'学史可以看成败、鉴得失、知兴替；学诗可以情飞扬、志高昂、人灵秀；学伦理可以知廉耻、懂荣辱、辨是非。我们不仅要了解中国的历史文化，还要睁眼看世界，了解世界上不同民族的历史文化，去其糟粕，取其精华，从中获得启发，为我所用'。

"总之，学习需要沉下心来，贵在持之以恒。我们当前的任务是完成义务教育规定的学习任务，同时也不要忘记放眼看世界，补充一些课外知识。古人说：'风声、雨声……'"

刘老师话音未落，同学们大声地接道："读书声，声声入耳；家事、国事、天下事，事事关心！"

刘老师点头说："希望大家能把握当下的美好时光，提高自己的实力，为将来打下好基础，为参与祖国未来的建设做好准备！"

链 接

既要向书本学习，也要向实践学习；既要向人民群众学习，向专家学者学习，也要向国外有益经验学习。

……

总之，好学才能上进。中国共产党人依靠学习走到今天，也必然要依靠学习走向未来。我们的干部要上进，我们的党要上进，我们的国家要上进，我们的民族要上进，就必须大兴学习之风，坚持学习、学习、再学习，坚持实践、实践、再实践。

——2013年3月1日，习近平在中央党校建校80周年庆祝大会暨2013年春季学期开学典礼上的讲话

20

努力成为可堪大用、能担重任的栋梁之材

——同学们的毕业感怀

“同学们，三年时间转瞬即逝……”春华秋实，岁月匆匆。同学们即将结束三年的初中生活，踏上新的人生旅途。校园广播里正播放校长对毕业生的寄语：“三年前，稚嫩的你们来到校园，开始与学校共同成长。你们共同见证并参与了学校的建设，你们取得的成绩和赢得的荣誉，都记录着你们的努力和付出。三年来，我很欣慰地看到，你们在这里自由成长，收获了理想、自信和才干；你们在这里感知时光的流淌，碰撞智慧的火花……”

马铮铮听得有些许出神，想起了初中三年来的点点滴滴。他悄悄地问身边的李天泽：“天泽，我们就要初中毕业了，如果让你来总结这三年，你会怎么说？”

“我吗？”李天泽似乎被马铮铮带入了回忆，“应该说从一个不懂事的孩子长成了一个好少年吧，哈哈！你还记得吗，刚进初中的时候你还被我捉弄过呢。多亏遇上了刘老师，她的笑容总是让我倍感亲切。在我调皮捣蛋的时候，是她不厌其烦地教导我尊重他人、礼貌待人；在我做事不负责任的时候，是她用实际行动给了我最深刻的教育；在我面对

日益变难的功课无从下手的时候，也是她耐心细致地帮我梳理出适合我的学习方法。虽然直到要毕业了我也没有变得非常优秀，但相比以前，我身上有了更美好的品质，我能更踏实地面对今后的学习和成长。”

“真的，天泽，你变化特别大。习总书记曾说，梦想从学习开始，事业靠本领成就。刘老师也说，中学阶段学识基础厚实不厚实，会影响甚至决定一个人的一生。你就是一个特别棒的榜样！不管我们有没有考上同一所高中，我们都要一直做好朋友！你呢，刘欣？”马铮铮又问另一边的刘欣。

“我还真的想过这个问题。这三年应该是我性格转变最大的三年。因为我爸爸工作的关系，小学六年我转了三次学，在每个学校待的时间都不是很长，朋友不多，也不太知道怎么和别人相处，大家似乎都不愿和我一起玩。这三年在这里遇到你们真好，是你们让我知道朋友间可以这样无私地支持和帮助，也让我渐渐开朗起来。我和子安还加入了学生会，学生会的工作使我懂得了如何更好地与老师、同学相处，培养了吃苦耐劳的精神，感受到了团结合作的力量，让我从一个害羞胆小的小学生成长为一个能担责任、善于交流的合格学生干部，我发现自己其实也有一定的工作能力嘛！我想，这对我以后的成长来说也非常重要。”

“可不是！现在的你和我刚认识的你，已经判若两人了！”马铮铮话音刚落，周子安就凑过来：“你们在聊什么呢？这么热闹。”

“我们在回忆这三年的初中生活呢。你呢，子安，初中生活结束了，有什么感想和打算？”

“这三年啊……”周子安若有所思，“我的梦想你们都知道，就是要当一名主持人。小学的时候不知道梦想是什么，只知道自己喜欢在台上表演、主持，进入初中后，上台主持的机会更多，竞争也更大。投入这件事情后我才发现，如果要当一名专业的主持人，需要学习的东西还很多，我必须要付出更多的时间和精力去学习，才有可能做得更好。虽然这个过程很辛苦，但做得越多，我就越来越明白，我不再像以前一样只把它当成一种喜好，而是把它作为我今后要实现的梦想，这也成了我努力学习的动力之一。这一路上，你们的理解，我妈妈的支持，都让我在遇到困难、感到特别疲惫的时候能够坚持下去，真的很感谢你们！”

“你这么一说，倒让我舍不得毕业了。”马铮铮有点伤感。

李天泽用胳膊碰了碰马铮铮："铮铮，你光听我们说了，你也说说吧。"

"我呀，受我爷爷的影响，从小就喜欢一些与历史、文化相关的东西。这三年你们都把我叫作班上的'小理论家'，为了不负这个名号，我关注更多社会上发生的事情，也向爷爷学习了很多，可以说我的学习变得更主动了，看问题、想问题更成熟、更理性了……"

"同学们，奋斗，是青春最亮丽的底色，希望你们在实现中华民族伟大复兴的中国梦的实践中放飞青春梦想。把远大志向变成现实，既要求得到真学问、练就真本领，又要有锲而不舍、自强不息的奋斗精神，从一点一滴做起。珍惜韶华、脚踏实地，把远大抱负落实到实际行动中，树立梦想从学习开始、事业靠本领成就的观念，让勤奋学习成为青春飞扬的动力，让增长本领成为青春搏击的能量。要锤炼坚强的意志和品格，培养奋勇争先的进取精神，历练不怕失败的心理素质，保持乐观向上的人生态度，敢于面对各种困难和挫折。走出初中的校园，新的旅程即将开始，老师希望大家能在不断的学习中掌握真才实学，增益其所不能，努力成为可堪大用、能担重任的栋梁之材。"广播里，校长充满情感和期待的寄语深深地印在了每个同学的心中。

马铮铮看着同学们说："好了，伙伴们，这三年，我们每个人都付出了许多努力，都是为了让自己变得更加优秀。我相信我们不管去到哪所学校，都能够继续坚持修身端行、博学成才的理念，一定会实现自己的梦想，也一定能为国家的发展和建设贡献一份力量。"

"那是当然！"大家齐声应和。